KB088160

채성식 · 조영남 · 아이자와 유카 · 나카자와 유키 공저

다락원

머리말

“체계적, 단계적, 효율적인 일본어 학습을 위한 교재란?”

일본어 교재를 만들어 본 경험이 있는 사람이라면 누구나 한 번쯤은 고민해본 적이 있는 이 물음에서 저희 저자들도 자유로울 수 없었습니다. 하지만 저희가 내린 나름의 결론은,

“기본으로 돌아가자!”

였습니다.

‘기본’이란 단어는 동전의 양면과도 같습니다. 그 사전적 정의만 놓고 보자면 이보다 더 쉬운 단어도 없겠으나 정작 ‘무엇’을 ‘기본’으로 다루어야 하는가라는 문제에 이르게 되면 이보다 난해한 단어도 없을 것이기 때문입니다. 막상 ‘기본으로 돌아가자’라는 방향성을 설정하고서도 ‘무엇’을 일본어 교재의 ‘기본’으로 삼아야만 하는가에 대해 다시금 진지하게 고민하지 않을 수 없었습니다.

최근의 일본어 교재는 실생활에서의 원활한 커뮤니케이션 능력 향상을 위한 문형·장면 중심의 구성이 트렌드를 이루고 있습니다. 이러한 유형의 교재는 학습자로 하여금 정해진 패턴의 문형과 장면을 집중적으로 학습하게 함으로써, 단기간 내에 일정 수준의 일본어 능력을 함양시킬 수 있다는 점에서 긍정적인 평가를 받고 있습니다. 하지만 한편으로는 단순 암기 위주의 학습법을 강요한다는 비판적인 시각 또한 존재하는 것이 사실입니다. 외국어 학습의 특성상 일정 부분 암기에 의존할 수밖에 없는 현실적인 제약을 인정한다고 하더라도 해당 외국어의 체계적, 단계적, 효율적인 학습을 저해하는 요소임에는 틀림이 없기 때문입니다.

이에 저희는 문형·장면을 단순히 제시·나열한 기존의 일본어 교재와는 달리 필수 학습 문법 사항을 학습자의 언어능력에 맞게 단계적으로 제시하여 문형·장면에 관련된 학습 내용을 유기적으로 습득할 수 있도록 「다락원 뉴코스 일본어」를 구성하였습니다. 더불어 최대한 학습자의 눈높이에 맞춰 반드시 숙지해야 할 내용과 그렇지 않은 내용을 선별 제시함으로써 학습 부담을 최소화하고자 노력하였습니다.

「다락원 뉴코스 일본어」가 세상의 빛을 본 지 근 10년 만에 이루어진 대대적인 개정판 작업에서는 특히 이러한 학습 편의성에 중점을 두어 학습자들이 효율적으로 일본어 학습에 몰입할 수 있도록 배려하였습니다.

아무쪼록 본 「다락원 뉴코스 일본어」가 국내 일본어 학습자들을 위한 친절한 길라잡이로 자리매김할 수 있기를 진심으로 바라마지 않으며, 초판부터 개정판 간행에 이르기까지 물심양면으로 성원해주신 ㈜다락원 정규도 대표이사님과 저희의 졸고를 옥고로 다듬어주신 일본어 출판부 여러분들께 감사의 말씀을 드립니다.

저자 일동

교재의 구성과 특징

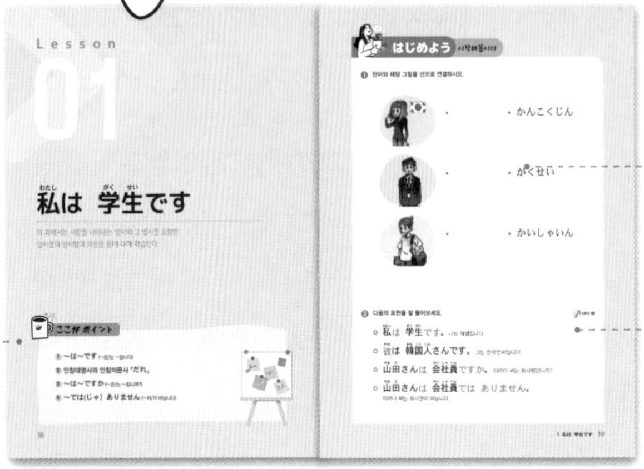

Lesson
01
私は 学生です
ここが ポイント
① ~は~です
② 인칭대명사와 인칭의문사 「だれ」
③ ~は~ですか
④ ~では(じゃ) ありません
はじめよう
かんこくじん
がくせい
かいしゃいん
私は 学生です。
彼は 韓国人さんです。
山田さんは 会社員ですか。
山田さんは 会社員では ありません。

はじめよう

각 과에서 미리 알아 두면 좋은 단어를 그림으로 연결하여 쉽고 재미있게 접근하도록 하였다.

각 과에서 배울 내용의 주요 구문을 미리 제시하고, 특히 주의해서 볼 부분은 별색으로 표시하였다.

ここが ポイント

각 과에서 다룰 주요 문법 사항을 제시하고 있다.

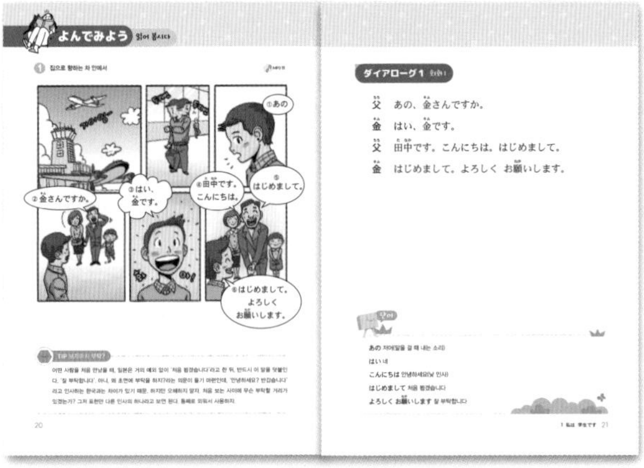

よんでみよう
①あの
②金さんですか。
③はい、金です。
④田中です。こんにちは。
⑤はじめまして。
⑥はじめまして。よろしく お願いします。
ダイアローグ 1
父 あの、金さんですか。
金 はい、金です。
父 田中です。こんにちは。はじめまして。
金 はじめまして。よろしく お願いします。

よんでみよう

각 과의 문법 항목이 실제 회화 장면에서 어떻게 사용되고 있는가를 만화 형식을 빌려 알기 쉽게 제시하였고, 이를 통해 일본어의 회화 패턴과 일본 문화의 단면을 엿볼 수 있도록 하였다.

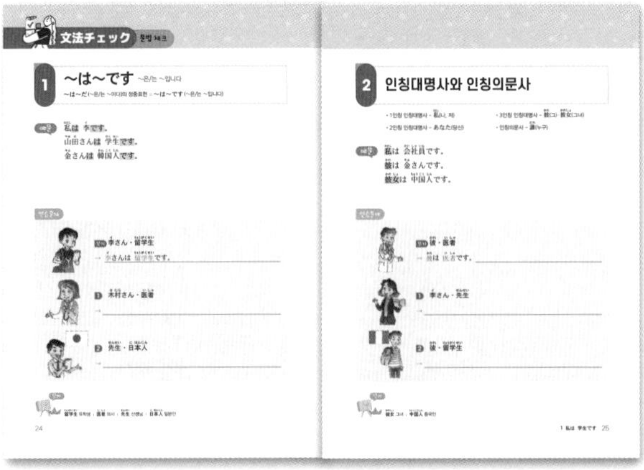

文法チェック
1 ~は~です
2 인칭대명사와 인칭의문사

文法チェック

각 과에서 문법의 포인트가 되는 항목을 간략히 설명하고, 예문을 제시하였다. 그 후에 바로 그림을 활용한 문제를 통해 문형을 숙달할 수 있도록 하였다.

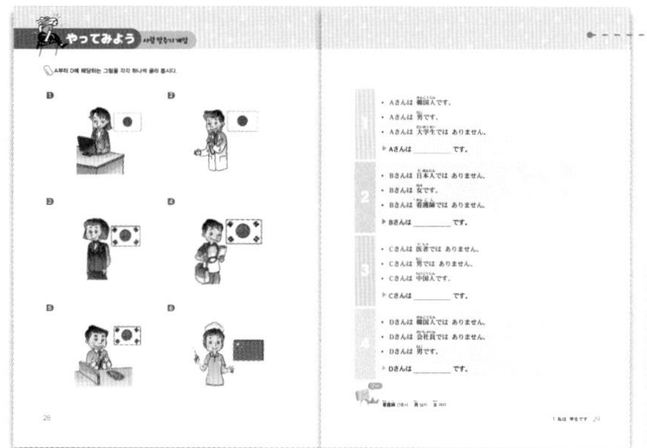

やってみよう

지금까지 배운 내용에 대한 복습을 겸하여 게임 형식을 빌려 즐겁게 일본어를 사용한 다양한 활동을 할 수 있도록 하였다.

はなしてみよう

각 과에서 배운 문법과 문형, 어휘 등을 활용하여 실제 회화 패턴을 연습할 수 있도록 하였다.

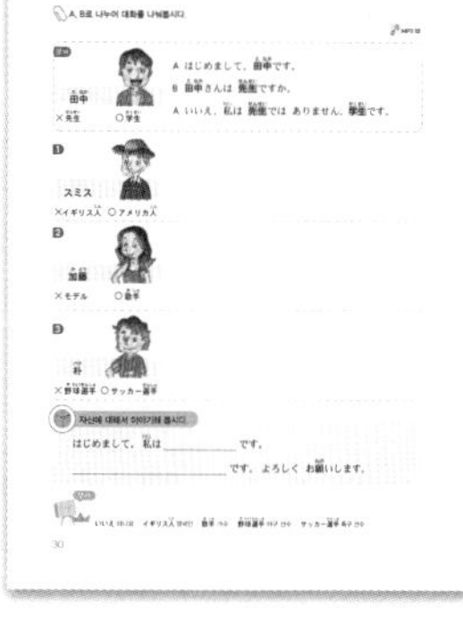

単語チェック

각 과에서 알아야 할 단어들을 테마별로 뽑아 정리하였다. 외운 단어를 체크할 수 있는 체크 박스를 마련해 두었다.

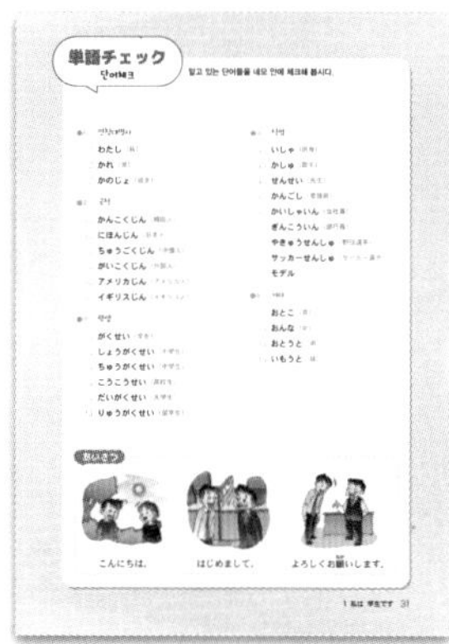

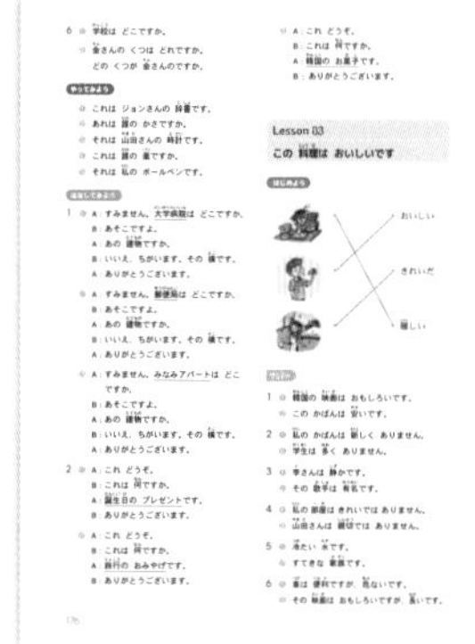

모범답안

각 과의 **はじめよう**, 연습문제, **やってみよう**, **はなしてみよう**의 모범답안을 상세하게 실었다.

별책 부록

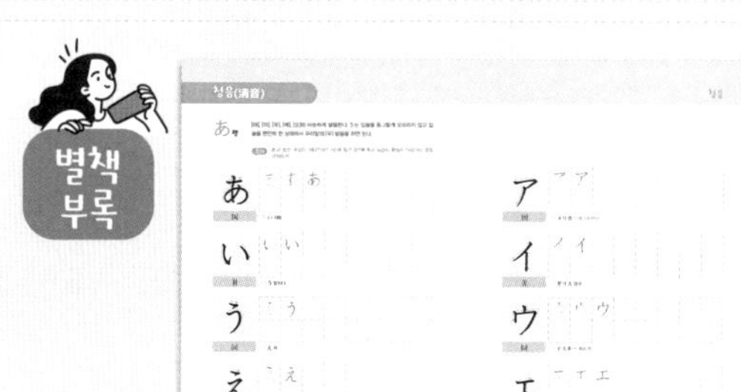

가나쓰기노트

일본어 입문자를 위해 히라가나와 가타카나 쓰기 노트를 따로 제공하였다.

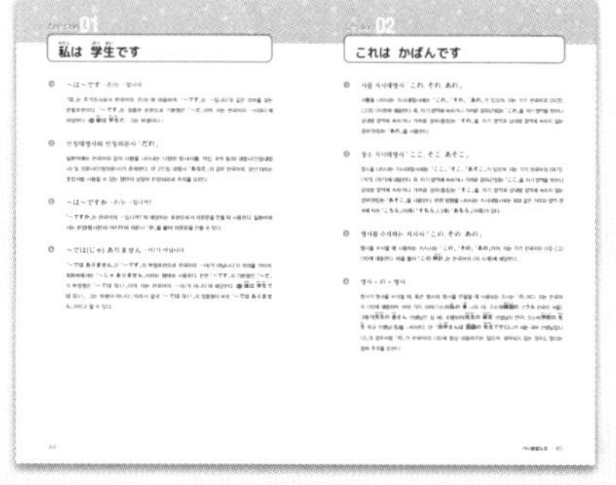

문법노트

文法チェック에서 다룬 문법 항목에 대한 자세한 설명을 수록하였다.

주요 학습 내용

과 / 제목	주요 구문1	주요 구문2
Lesson 01 **私は　学生です**	「～は～です」 ~은/는 ~입니다	인칭대명사와 인칭의문사 「だれ」
Lesson 02 **これは　かばんです**	사물 지시대명사 「これ, それ, あれ」	장소 지시대명사 「ここ, そこ, あそこ」
Lesson 03 **この　料理は　おいしいです**	い형용사의 기본형과 정중형	い형용사의 부정형
Lesson 04 **昨日は　とても　暑かったです**	い형용사의 과거형	い형용사의 과거부정형
Lesson 05 **これは　いくらですか**	일본어의 숫자	가격, 수량을 묻는 의문사 「いくら」「いくつ」
Lesson 06 **魚の　ほうが　好きです**	명사문의 연결 「～で」 ~이고	い형용사의 연결 「～(く)て」 ~하고
Lesson 07 **毎日　学校に　行きます**	1류 동사의 정중형	2류 동사의 정중형
Lesson 08 **映画を　見に　行きませんか**	권유·청유를 나타내는 정중표현 I 「～ませんか」 ~않겠습니까?	권유·청유를 나타내는 정중표현 II 「～ましょう」 ~합시다
Lesson 09 **韓国料理を　作りました**	동사 정중형의 과거형	동사 정중형의 과거부정형
Lesson 10 **教室に　机が　あります**	존재동사 「ある / いる」 있다	위치표현

주요 구문3	주요 구문4	주요 구문5	주요 구문6
｢～は～ですか｣ ~은/는 ~입니까?	｢～では(じゃ) ありません｣ ~이/가 아닙니다		
명사를 수식하는 지시사 ｢この, その, あの｣	명사 + の + 명사	｢～の｣ ~(의) 것, ~(한) 것	의문지시대명사 ｢どれ｣와 의문지시사 ｢どこ, どの｣
な형용사의 기본형과 정중형	な형용사의 부정형	い형용사와 な형용사의 명사수식	접속조사 ｢が｣
な형용사의 과거형	な형용사의 과거부정형	명사문의 과거형	명사문의 과거부정형
날짜, 시간을 묻는 의문사 ｢いつ｣	｢～から～まで｣ ~부터(에서) ~까지	조사 ｢は｣와 ｢が｣	대비를 나타내는 조사 ｢は｣
な형용사의 연결 ｢～で｣ ~하고	｢AとBと どちらが～ですか｣ A와 B 중 어느 쪽이 ~입니까?	｢AよりBの ほうが～です｣ A보다 B가 더 ~입니다	｢～の 中で {どれ/どこ/何/誰}が 一番～ですか｣ ~중에서 {어느 것/어디/무엇/누구}이(가) 가장 ~입니까?
3류 동사의 정중형	일본어 동사의 시제적 의미(미래)와 시간부사	동사 정중형의 부정형	장소와 도구를 나타내는 조사 ｢で｣
권유·청유를 나타내는 정중표현Ⅲ ｢～ましょうか｣ ~할까요?	｢동사의 ます형+に+行く／来る｣ ~하러 가다/오다	이유를 나타내는 표현Ⅰ 접속조사 ｢～から｣ ~이니까, ~이므로	이유를 나타내는 표현Ⅱ ｢～て(で)｣ ~해서
｢동사의 ます형+ながら｣ ~하면서	｢～が できる｣ ~을/를 할 수 있다, ~이/가 가능하다, ~을/를 잘한다		
존재 유무를 묻는 의문표현	｢동사의 ます형+たいです｣ ~하고 싶습니다		

차례

주요등장인물

金ジフ
일본어학교에 유학 중. 일본에서의 취직을 목표로 하고 있다. 22세.

田中康夫(父)
회사원. 맥주를 좋아하지만, 최근 배가 나온 것을 신경 쓰고 있다. 43세.

田中春子(母)
전업주부. 드라마를 아주 좋아하며, 요리는 그다지 잘 하지 못한다. 40세.

田中ひろと
활달하고 밝은 초등학교 5학년. 야구를 아주 좋아한다. 12세.

문자와 발음

히라가나
가타카나

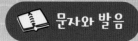

1 히라가나 오십음표(五十音表)

ひらがな

A	あ [a]	い [i]	う [u]	え [e]	お [o]
K	か [ka]	き [ki]	く [ku]	け [ke]	こ [ko]
S	さ [sa]	し [shi]	す [su]	せ [se]	そ [so]
T	た [ta]	ち [chi]	つ [tsu]	て [te]	と [to]
N	な [na]	に [ni]	ぬ [nu]	ね [ne]	の [no]
H	は [ha]	ひ [hi]	ふ [fu]	へ [he]	ほ [ho]
M	ま [ma]	み [mi]	む [mu]	め [me]	も [mo]
Y	や [ya]		ゆ [yu]		よ [yo]
R	ら [ra]	り [ri]	る [ru]	れ [re]	ろ [ro]
W	わ [wa]				を [o]

ん [n]

❷ 청음(清音[せいおん])

MP3 02

A	あ行 [a]	あ [a]	い [i]	う [u]	え [e]	お [o]
		あし [ashi] 발	いけ [ike] 연못	うみ [umi] 바다	えき [eki] 역	おとな [otona] 어른

K	か行 [ka]	か [ka]	き [ki]	く [ku]	け [ke]	こ [ko]
		かわ [kawa] 강	き [ki] 나무	くつした [kutsushita] 양말	け [ke] 털	こえ [koe] 목소리

S	さ行 [sa]	さ [sa]	し [shi]	す [su]	せ [se]	そ [so]
		さかな [sakana] 물고기	しお [shio] 소금	すいか [suika] 수박	せかい [sekai] 세계	そと [soto] 밖

T	た行 [ta]	た [ta]	ち [chi]	つ [tsu]	て [te]	と [to]
		たな [tana] 선반	ちかてつ [chikatetsu] 지하철	つくえ [tsukue] 책상	て [te] 손	とり [tori] 새

N	な行 [na]	な [na]	に [ni]	ぬ [nu]	ね [ne]	の [no]
		なまえ [namae] 이름	にもつ [nimotsu] 짐	ぬの [nuno] 천	ねこ [neko] 고양이	のみもの [nomimono] 음료수

H	は行 [ha]	は [ha]	ひ [hi]	ふ [fu]	へ [he]	ほ [ho]
		はな [hana] 꽃	ひと [hito] 사람	ふゆ [fuyu] 겨울	へや [heya] 방	ほし [hoshi] 별

M	ま行 [ma]	ま [ma]	み [mi]	む [mu]	め [me]	も [mo]
		まち [machi] 거리	みち [michi] 길	むすめ [musume] 딸	め [me] 눈	もも [momo] 복숭아

Y	や行 [ya]	や [ya]		ゆ [yu]		よ [yo]
		やま [yama] 산		ゆめ [yume] 꿈		よる [yoru] 밤

R	ら行 [ra]	ら [ra]	り [ri]	る [ru]	れ [re]	ろ [ro]
		そら [sora] 하늘	りす [risu] 다람쥐	はる [haru] 봄	れきし [rekishi] 역사	ろく [roku] 6

W	わ行 [wa]	わ [wa]				を [o]
		わたし [watashi] 나, 저			うたを うたう [utao utau] 노래를 부르다	

	ん [n]	ん [n]				
		ほん [hon] 책				

3 탁음(濁音[だくおん])

MP3 03

G	が行 [ga]	が [ga]	ぎ [gi]	ぐ [gu]	げ [ge]	ご [go]
Z	ざ行 [za]	ざ [za]	じ [ji]	ず [zu]	ぜ [ze]	ぞ [zo]
D	だ行 [da]	だ [da]	ぢ [ji]	づ [zu]	で [de]	ど [do]
B	ば行 [ba]	ば [ba]	び [bi]	ぶ [bu]	べ [be]	ぼ [bo]

がいこく [gaikoku] 외국　うわぎ [uwagi] 웃옷　でぐち [deguchi] 출구　もじ [moji] 문자
ちず [chizu] 지도　かぜ [kaze] 바람　ばら [bara] 장미　ぶたにく [butaniku] 돼지고기

4 반탁음 (半濁音（はんだくおん）)

MP3 04

P	ぱ行 [pa]	ぱ [pa]	ぴ [pi]	ぷ [pu]	ぺ [pe]	ぽ [po]

ぱちぱち [pachipachi] 박수 치는 소리
えんぴつ [enpitsu] 연필
ぴかぴか [pikapika] 반짝반짝
さんぷん [sampun] 3분
てんぷら [tempura] 튀김
ぺこぺこ [pekopeko] 몹시 배가 고픈 모양
さんぽ [sampo] 산책

5 장음 (長音（ちょうおん）・のばす音（おん）)

MP3 05

a + a	おばあさん [obāsan] 할머니	おばさん [obasan] 아주머니	おかあさん [okāsan] 어머니 さあ [sā] 글쎄 まあまあ [māmā] 그저그러함
i + i	おじいさん [ojīsan] 할아버지	おじさん [ojisan] 아저씨	いいえ [īe] 아니요 おいしい [oishī] 맛있다 かわいい [kawaī] 귀엽다
u + u	くうき [kūki] 공기	くき [kuki] 줄기	すうじ [sūji] 숫자 つうきん [tsūkin] 통근 ゆうき [yūki] 용기
e + e	おねえさん [onēsan] 언니, 누나	おねさん (×)	ええと [ēto] 어…그러니까 へえ [hē] 헤~
e + i	ていき [tēki] 정기	てき [teki] 적	えいが [ēga] 영화 せいと [sēto] 학생 とけい [tokē] 시계
o + o	おおい [ōi] 많다	おい [oi] 조카	おおかみ [ōkami] 늑대 こおり [kōri] 얼음 とおい [tōi] 멀다
o + u	こうこう [kōkō] 고교	ここ [koko] 여기	かようび [kayōbi] 화요일 きのう [kinō] 어제 ぼうし [bōshi] 모자

6 요음(拗音)

MP3 06

きゃ [kya]	きゅ [kyu]	きょ [kyo]
ぎゃ [gya]	ぎゅ [gyu]	ぎょ [gyo]
しゃ [sha]	しゅ [shu]	しょ [sho]
じゃ [ja]	じゅ [ju]	じょ [jo]
ちゃ [cha]	ちゅ [chu]	ちょ [cho]
にゃ [nya]	にゅ [nyu]	にょ [nyo]
ひゃ [hya]	ひゅ [hyu]	ひょ [hyo]
びゃ [bya]	びゅ [byu]	びょ [byo]
ぴゃ [pya]	ぴゅ [pyu]	ぴょ [pyo]
みゃ [mya]	みゅ [myu]	みょ [myo]
りゃ [rya]	りゅ [ryu]	りょ [ryo]

きゃく [kyaku] 손님
きょねん [kyonen] 작년
いしゃ [isha] 의사
しゅくだい [shukudai] 숙제
じしょ [jisho] 사전
おちゃ [ocha] 차, 녹차
ひゃく [hyaku] 100

※요음(ゅ、ょ)+う=장음

きょう [kyō] 오늘
ぎゅうにゅう [gyūnyū] 우유
ちょうど [chōdo] 마침, 딱
びょういん [byōin] 병원
りょうり [ryōri] 요리

7 촉음(促音)

MP3 07

kk	つ + か行 [kk]	みっか [mikka] 3일 ゆっくり [yukkuri] 푹, 천천히 いっこ [ikko] 한 개	すっきり [sukkiri] 말쑥이 せっけん [sekken] 비누
ss	つ + さ行 [ss]	とっさ [tossa] 순간, 찰나 まっすぐ [massugu] 똑바로 しっそ [shisso] 검소함	ざっし [zasshi] 잡지 けっせき [kesseki] 결석
tt, tch	つ + た行 [tt, tch]	まったく [mattaku] 전혀 やっつ [yattsu] 8개 もっと [motto] 더욱	こっち [kotchi] 이쪽 きって [kitte] 우표
pp	つ + ぱ行 [pp]	いっぱい [ippai] 가득 きっぷ [kippu] 표 いっぽん [ippon] 한 병	すっぴん [suppin] 맨 얼굴 てっぺん [teppen] 꼭대기

8 발음(撥音)

MP3 08

ん(m) +	ま/ば/ぱ行	せんもん [semmon] 전문 こんばんは [kombanwa] 안녕하세요 (밤인사) はんぶん [hambun] 절반 さんぽ [sampo] 산책	せんぱい [sempai] 선배
ん(n) +	さ/ざ/た/だ な/ら行	でんしゃ [densya] 전철 ほんだな [hondana] 책장 ごめんなさい [gomennasai] 미안해요 れんらく [renraku] 연락	せんたく [sentaku] 세탁
ん(ŋ) +	か/が行	さんかく [saŋkaku] 삼각 もんく [moŋku] 불평 ばんごう [baŋgou] 번호	でんき [deŋki] 전기 せんげつ [seŋgetsu] 지난달
ん(N) +	모음 / 반모음 は行 단어 끝	れんあい [reNai] 연애 ほんや [hoNya] 서점 えん [eN] 엔(화폐단위)	はんい [haNi] 범위 でんわ [deNwa] 전화

❾ 가타카나 오십음표(五十音表)

カタカナ

A	ア [a]	イ [i]	ウ [u]	エ [e]	オ [o]
K	カ [ka]	キ [ki]	ク [ku]	ケ [ke]	コ [ko]
S	サ [sa]	シ [shi]	ス [su]	セ [se]	ソ [so]
T	タ [ta]	チ [chi]	ツ [tsu]	テ [te]	ト [to]
N	ナ [na]	ニ [ni]	ヌ [nu]	ネ [ne]	ノ [no]
H	ハ [ha]	ヒ [hi]	フ [fu]	ヘ [he]	ホ [ho]
M	マ [ma]	ミ [mi]	ム [mu]	メ [me]	モ [mo]
Y	ヤ [ya]		ユ [yu]		ヨ [yo]
R	ラ [ra]	リ [ri]	ル [ru]	レ [re]	ロ [ro]
W	ワ [wa]				ヲ [o]

ン [n]

カタカナ 연습

アパート 아파트	エレベーター 엘리베이터	カレンダー 달력
ギター 기타	コップ 컵	サッカー 축구
スポーツ 스포츠	セーター 스웨터	タクシー 택시
テーブル 테이블	トイレ 화장실	ニュース 뉴스
ネクタイ 넥타이	ノート 노트	ピアノ 피아노
ボールペン 볼펜	パソコン 퍼스널 컴퓨터	マッチ 성냥
ラジオ 라디오	レストラン 레스토랑	

Lesson 01

私(わたし)は 学生(がくせい)です

이 과에서는 사람을 나타내는 명사와 그 명사를 포함한
명사문의 평서형과 의문문 등에 대해 학습한다.

1 ～は～です (～은/는 ～입니다)

2 인칭대명사와 인칭의문사「だれ」

3 ～は～ですか (～은/는 ～입니까?)

4 ～では(じゃ) ありません (～이/가 아닙니다)

❶ 단어와 해당 그림을 선으로 연결하시오.

• かんこくじん

• がくせい

• かいしゃいん

❷ 다음의 표현을 잘 들어보세요. MP3 10

- 私(わたし)は 学生(がくせい)です。 나는 학생입니다.
- 彼(かれ)は 韓国人(かんこくじん)です。 그는 한국인입니다.
- 山田(やまだ)さんは 会社員(かいしゃいん)ですか。 야마다 씨는 회사원입니까?
- 山田(やまだ)さんは 会社員(かいしゃいん)では ありません。
  야마다 씨는 회사원이 아닙니다.

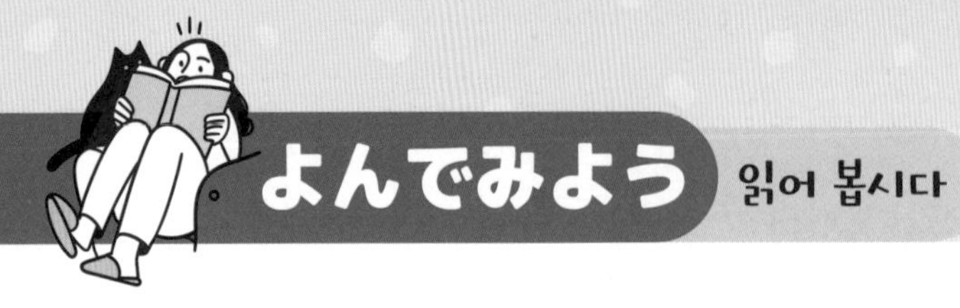

よんでみよう 읽어 봅시다

1 처음 만나서 인사를 나눈다.

MP3 11

기이잉~

두리번 두리번

① あの

② 金さんですか。

③ はい、金です。

와아!

④ 田中です。こんにちは。

⑤ はじめまして。

⑥ はじめまして。よろしくお願いします。

TIP 잘 부탁합니다

일본에서는 무언가를 부탁할 때는 물론 자기소개를 할 때나 앞으로 신세를 질 상황이 발생할 경우의 인사말로서 「よろしくお願いします。」를 사용한다. 메일의 마지막 문구로 사용되는 경우도 많으므로 꼭 외워 두도록 하자.

ダイアローグ1 회화 1

父(ちち)　あの、金(キム)さんですか。

金(キム)　はい、金(キム)です。

父(ちち)　田中(たなか)です。こんにちは。はじめまして。

金(キム)　はじめまして。よろしく お願(ねが)いします。

あの 저어(말을 걸 때 내는 소리)

はい 네

こんにちは 안녕하세요(낮 인사)

はじめまして 처음 뵙겠습니다

よろしく お願(ねが)いします 잘 부탁합니다

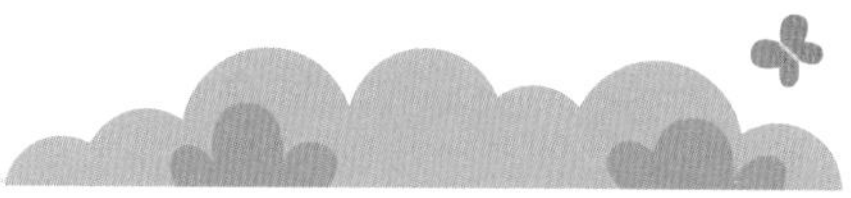

2 집으로 향하는 차 안에서

MP3 12

부-웅…

① 金(キム)さん、ひろとです。

② こんにちは。金(キム)さんは韓国人(かんこくじん)ですか。

③ はい。そうです。

④ ひろとくんは中学生(ちゅうがくせい)ですか。

⑤ ひろとは 中学生(ちゅうがくせい)じゃありません。小学生(しょうがくせい)です。

⑥ そうですか。

TIP 일본의 자동차는 좌측 통행

일본은 한국과 달리 기본적으로 자동차는 좌측 통행, 보행자는 우측 통행이다. 국제면허증이 있으면 한국인도 일본에서 운전을 할 수 있으나, 통행 방향이 반대라 처음에는 조금 불안할 수도 있다.

ダイアローグ2 회화 2

父(ちち)　金(キム)さん、ひろとです。

ひろと　こんにちは。金(キム)さんは 韓国人(かんこくじん)ですか。

金(キム)　はい。そうです。ひろとくんは
中学生(ちゅうがくせい)ですか。

父(ちち)　ひろとは 中学生(ちゅうがくせい)じゃ ありません。
小学生(しょうがくせい)です。

金(キム)　そうですか。

そうです 그렇습니다

〜くん 〜군(호칭)

中学生(ちゅうがくせい) 중학생

小学生(しょうがくせい) 초등학생

そうですか 그렇군요

文法チェック 문법 체크

1 ～は～です ～은/는 ～입니다

～は～だ(～은/는 ～이다)의 정중표현 = **～は～です** (～은/는 ～입니다)

예문

私(わたし)は 李(イ)です。

山田(やまだ)さんは 学生(がくせい)です。

金(キム)さんは 韓国人(かんこくじん)です。

연습문제

보기 李(イ)さん・留学生(りゅうがくせい)

→ 李(イ)さんは 留学生(りゅうがくせい)です。

1 木村(きむら)さん・医者(いしゃ)

→ ______________________

2 先生(せんせい)・日本人(にほんじん)

→ ______________________

留学生(りゅうがくせい) 유학생 | 医者(いしゃ) 의사 | 先生(せんせい) 선생님 | 日本人(にほんじん) 일본인

2 인칭대명사와 인칭의문사 だれ

- 1인칭 인칭대명사 – 私(わたし)(나, 저)
- 2인칭 인칭대명사 – あなた(당신)
- 3인칭 인칭대명사 – 彼(かれ)(그)·彼女(かのじょ)(그녀)
- 인칭의문사 – 誰(だれ)(누구)

私(わたし)は 会社員(かいしゃいん)です。
彼(かれ)は 金(キム)さんです。
彼女(かのじょ)は 中国人(ちゅうごくじん)です。

연습문제

보기 彼(かれ)・医者(いしゃ)
→ 彼(かれ)は 医者(いしゃ)です。

1 李(イ)さん・先生(せんせい)
→ ____________________

2 彼(かれ)・留学生(りゅうがくせい)
→ ____________________

단어

彼女(かのじょ) 그녀 | 中国人(ちゅうごくじん) 중국인

3 ～は～ですか ～은/는 ～입니까?

평서문 + か = 의문문

예문

李(イ)さんは　モデルですか。

彼(かれ)は　医者(いしゃ)ですか。

彼女(かのじょ)は　外国人(がいこくじん)ですか。

연습문제

보기 田中(たなか)さん・会社員(かいしゃいん)

→ 田中(たなか)さんは　会社員(かいしゃいん)ですか。

1 先生(せんせい)・アメリカ人(じん)

→ ____________________

2 彼女(かのじょ)・韓国人(かんこくじん)

→ ____________________

단어

モデル 모델 | 外国人(がいこくじん) 외국인 | アメリカ人(じん) 미국인

4 ～では(じゃ) ありません ~이/가 아닙니다

～です의 부정형 = ～では ありません (회화체는 ～じゃ ありません)

예문

山田(やまだ)さんは 大学生(だいがくせい)では ありません。

妹(いもうと)は 高校生(こうこうせい)では ありません。

田中(たなか)さんは 銀行員(ぎんこういん)では ありません。

연습문제

보기 弟(おとうと)・高校生(こうこうせい)

→ 弟(おとうと)は 高校生(こうこうせい)では ありません。

1 田中(たなか)さん・留学生(りゅうがくせい)

→ ______________________________

2 彼(かれ)・中国人(ちゅうごくじん)

→ ______________________________

단어

大学生(だいがくせい) 대학생 | **妹(いもうと)** 여동생 | **高校生(こうこうせい)** 고등학생 | **銀行員(ぎんこういん)** 은행원 | **弟(おとうと)** 남동생

やってみよう 사람 맞추기 게임

A부터 D에 해당하는 그림을 각각 하나씩 골라 봅시다.

1

2

3

4

5

6

1

- Aさんは 韓国人(かんこくじん)です。
- Aさんは 男(おとこ)です。
- Aさんは 大学生(だいがくせい)では ありません。

▶ Aさんは ＿＿＿＿＿＿ です。

2

- Bさんは 日本人(にほんじん)では ありません。
- Bさんは 女(おんな)です。
- Bさんは 看護師(かんごし)では ありません。

▶ Bさんは ＿＿＿＿＿＿ です。

3

- Cさんは 医者(いしゃ)では ありません。
- Cさんは 男(おとこ)では ありません。
- Cさんは 中国人(ちゅうごくじん)です。

▶ Cさんは ＿＿＿＿＿＿ です。

4

- Dさんは 韓国人(かんこくじん)では ありません。
- Dさんは 会社員(かいしゃいん)では ありません。
- Dさんは 男(おとこ)です。

▶ Dさんは ＿＿＿＿＿＿ です。

단어

看護師(かんごし) 간호사 | **男**(おとこ) 남자 | **女**(おんな) 여자

はなしてみよう 말해 봅시다

A, B로 나누어 대화를 나눠봅시다.

MP3 13

보기

田中(たなか)

× 先生(せんせい)　○ 学生(がくせい)

A　はじめまして。田中(たなか)です。

B　田中(たなか)さんは 先生(せんせい)ですか。

A　いいえ、私(わたし)は 先生(せんせい)では ありません。学生(がくせい)です。

1

スミス

× イギリス人(じん)　○ アメリカ人(じん)

2

加藤(かとう)

× モデル　○ 歌手(かしゅ)

3

朴(パク)

× 野球選手(やきゅうせんしゅ)　○ サッカー選手(せんしゅ)

자신에 대해서 이야기해 봅시다.

はじめまして。私(わたし)は ＿＿＿＿＿＿ です。

＿＿＿＿＿＿＿＿＿＿＿＿ です。よろしく お願(ねが)いします。

いいえ 아니요 | イギリス人(じん) 영국인 | 歌手(かしゅ) 가수 | 野球選手(やきゅうせんしゅ) 야구 선수 | サッカー選手(せんしゅ) 축구 선수

単語チェック
단어체크

알고 있는 단어들을 네모 안에 체크해 봅시다.

인칭대명사

- □ わたし(私)
- □ かれ(彼)
- □ かのじょ(彼女)

국적

- □ かんこくじん(韓国人)
- □ にほんじん(日本人)
- □ ちゅうごくじん(中国人)
- □ がいこくじん(外国人)
- □ アメリカじん(アメリカ人)
- □ イギリスじん(イギリス人)

학생

- □ がくせい(学生)
- □ しょうがくせい(小学生)
- □ ちゅうがくせい(中学生)
- □ こうこうせい(高校生)
- □ だいがくせい(大学生)
- □ りゅうがくせい(留学生)

직업

- □ いしゃ(医者)
- □ かしゅ(歌手)
- □ せんせい(先生)
- □ かんごし(看護師)
- □ かいしゃいん(会社員)
- □ ぎんこういん(銀行員)
- □ やきゅうせんしゅ(野球選手)
- □ サッカーせんしゅ(サッカー選手)
- □ モデル

기타

- □ おとこ(男)
- □ おんな(女)
- □ おとうと(弟)
- □ いもうと(妹)

あいさつ

こんにちは。

はじめまして。

よろしくお願(ねが)いします。

Lesson

02

これは　かばんです

이 과에서는 일본어의 지시대명사와 지시사, 조사 「の」 등에 대해 학습한다.

ここが ポイント

1. 사물 지시대명사 「これ, それ, あれ」
2. 장소 지시대명사 「ここ, そこ, あそこ」
3. 명사를 수식하는 지시사 「この, その, あの」
4. 명사 + の + 명사
5. 「～の」 ~(의) 것, ~(한) 것
6. 의문지시대명사 「どれ」와 의문지시사 「どこ, どの」

❶ 단어와 해당 그림을 선으로 연결하시오.

• かばん

• 時計(とけい)

• 本(ほん)

❷ 다음의 표현을 잘 들어보세요.

- これは　かばんです。 이것은 가방입니다.
- それは　私(わたし)の　時計(とけい)です。 그것은 제 시계입니다.
- あの　本(ほん)は　私(わたし)のです。 저 책은 제 것입니다.
- 田中(たなか)さんの　かばんは　どれですか。
  다나카 씨의 가방은 어느 것입니까?

よんでみよう 읽어 봅시다

1 김지후에게 집 안을 안내하고 있다.　　MP3 15

① ここが 金(キム)さんの 部屋(へや)です。

② ふとんは ここです。横(よこ)は ひろとの 部屋(へや)です。

③ あの、トイレは どこですか。

④ あそこですよ。

⑤ あ、あそこですね。

⑥ すみません、ちょっと 失礼(しつれい)します。

TIP 일본인의 집에서

일본인의 집에서 화장실에 가고 싶을 때는 우선 집주인의 허락을 받는 것이 좋다. 이때 「トイレを借(か)りてもいいですか」 또는 「トイレを貸(か)してもらえますか」라는 표현을 사용하면 된다.

ダイアログ1 회화1

母(はは) ここが 金(キム)さんの 部屋(へや)です。
ふとんは ここです。横(よこ)は ひろとの 部屋(へや)です。

金(キム) あの、トイレは どこですか。

母(はは) あそこですよ。

金(キム) あ、あそこですね。
すみません、ちょっと 失礼(しつれい)します。

部屋(へや) 방

ふとん 이불

横(よこ) 옆

～よ ～이에요(강조)

～ね ～군요(동조)

すみません 미안합니다

ちょっと 좀, 잠깐

失礼します(しつれい) 실례하겠습니다

2 다나카 가족에게 선물을 건네고 있다.

MP3 16

TIP 선물

김이나 김치는 일본인에게도 인기가 많은 한국 선물이다. 이 외에도 일본에서 구하기 힘든 종류의 인스턴트 라면이나 과자, 화장품, 잡화 등도 인기가 많다.

ダイアローグ2 회화2

金(キム)　これ、どうぞ。

ひろと　これは 何(なん)ですか。

金(キム)　韓国(かんこく)の おみやげです。これは、のりです。

それは キムチです。

母(はは)　ありがとうございます。

金(キム)　あ、これは ひろとくんの。

ひろと　ありがとう。

どうぞ 부디, 잘, 자 (받으세요)

何(なん) 무엇

おみやげ (현지에서 사온) 선물, 기념품

のり 김

キムチ 김치

ありがとうございます 고맙습니다

ありがとう 고마워

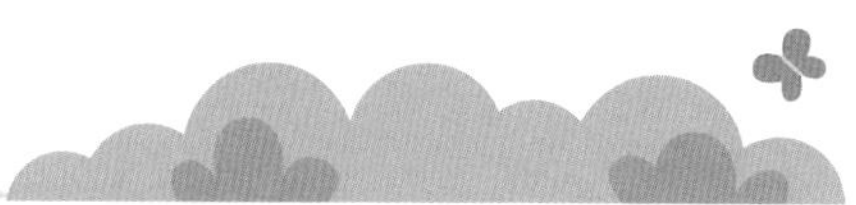

文法チェック 문법 체크

1 사물 지시대명사 これ, それ, あれ

これ (이것), **それ** (그것), **あれ** (저것)

예문 これは 本(ほん)です。

それは めがねです。

あれは かばんです。

연습문제

보기 これ・水(みず)

→ これは 水(みず)です。

1 それ・財布(さいふ)

→ ______________________

2 あれ・かぎ

→ ______________________

단어

めがね 안경 | 水(みず) 물 | 財布(さいふ) 지갑 | かぎ 열쇠

2 장소 지시대명사 ここ, そこ, あそこ

ここ (여기), そこ (거기), あそこ (저기)

ここは 病院(びょういん)です。

そこは 学校(がっこう)です。

あそこは 郵便局(ゆうびんきょく)です。

연습문제

보기 ここ・レストラン

→ ここは レストランです。

1 あそこ・デパート

→ ______________________________

2 ここ・食堂(しょくどう)

→ ______________________________

病院(びょういん) 병원 | 学校(がっこう) 학교 | 郵便局(ゆうびんきょく) 우체국 | レストラン 레스토랑 | デパート 백화점 | 食堂(しょくどう) 식당

3 명사를 수식하는 지시사 この, その, あの

この~ (이 ~), その (그 ~), あの~ (저 ~)

예문

この 水(みず)

その 写真(しゃしん)

あの お菓子(かし)

연습문제

보기 この・ボールペン

→ この ボールペン

1 その・薬(くすり)

→ ____________________

2 あの・めがね

→ ____________________

단어

写真(しゃしん) 사진 | お菓子(かし) 과자 | ボールペン 볼펜 | 薬(くすり) 약

명사+の+명사

조사 の 는 한국어의 〈의〉에 해당하며, 명사수식절을 만들 때 사용된다.

예문

私(わたし)の 名前(なまえ)は リンです。

これは 李(イ)さんの めがねです。

あれは 韓国(かんこく)の 車(くるま)です。

연습문제

보기 これ・山田(やまだ)さん・くつ

→ これは 山田(やまだ)さんの くつです。

1 それ・日本語(にほんご)・辞書(じしょ)

→ ______________________

2 田中(たなか)さん・音楽(おんがく)・先生(せんせい)

→ ______________________

단어

名前(なまえ) 이름 | 車(くるま) 자동차 | くつ 구두, 신발 | 日本語(にほんご) 일본어 | 辞書(じしょ) 사전 | 音楽(おんがく) 음악

5 「の」~(의) 것, ~(한) 것

~の = ~것

예문 この かさは 先生(せんせい)のです。

その 車(くるま)は 木村(きむら)さんのです。

あの プレゼントは 金(キム)さんのです。

연습문제

보기 この くつ・リンさん

→ この くつは リンさんのです。

1 この かぎ・李(イ)さん

→ ______________________

2 その お菓子(かし)・中村(なかむら)さん

→ ______________________

단어

かさ 우산 | プレゼント 선물

6 의문지시대명사 どれ와 의문지시사 どこ, どの

どこ(어디), どれ(어느 것), どの〜(어느 〜)

トイレは どこですか。

朴(パク)さんの 時計(とけい)は どれですか。

どの 時計(とけい)が 朴(パク)さんのですか。= どれが 朴(パク)さんの 時計(とけい)ですか。

연습문제

보기

→ デパートは どこですか。

→ 先生(せんせい)の 車(くるま)は どれですか。

→ どの 車(くるま)が 先生(せんせい)のですか。

1

→ ______________________________

2

→ ______________________________

→ ______________________________

トイレ 화장실

예와 같이 문장을 만들어 봅시다.

예1

田中(たなか)・本(ほん)

これは 田中(たなか)さんの 本(ほん)です。

예2

朴(パク)・かぎ

それは 朴(パク)さんの かぎです。

예3

リン・めがね

あれは リンさんの めがねです。

예4

?・かばん

これは 誰(だれ)の かばんですか。

1

ジョン・辞書(じしょ)

2

?・かさ

3

山田(やまだ)・時計(とけい)

4

?・薬(くすり)

5

私(わたし)・ボールペン

はなしてみよう 말해 봅시다

밑줄친 부분에 ①~③의 단어를 넣어 대화해 봅시다.

1 A すみません。＿＿＿＿＿は どこですか。 MP3 17

B あそこですよ。

A あの 建物(たてもの)ですか。

B いいえ、ちがいます。その 横(よこ)です。

A ありがとうございます。

①

大学病院(だいがくびょういん)

②

郵便局(ゆうびんきょく)

③

みなみアパート

2 A これ どうぞ。 MP3 18

B これは 何(なん)ですか。

A ＿＿＿＿＿＿です。

B ありがとうございます。

①

誕生日(たんじょうび)の プレゼント

②

旅行(りょこう)の おみやげ

③

韓国(かんこく)の お菓子(かし)

建物(たてもの) 건물 | ビル 빌딩 | アパート 아파트 | 誕生日(たんじょうび) 생일 | 旅行(りょこう) 여행 | 社員(しゃいん) 사원

単語チェック
단어체크

알고 있는 단어들을 네모 안에 체크해 봅시다.

물건

- □ かさ
- □ かぎ
- □ くつ
- □ のり
- □ かばん
- □ めがね
- □ おみやげ
- □ ほん(本)
- □ くすり(薬)
- □ くるま(車)
- □ とけい(時計)
- □ おかし(お菓子)
- □ しゃしん(写真)
- □ キムチ
- □ プレゼント
- □ ボールペン

건물

- □ がっこう(学校)
- □ たてもの(建物)
- □ しょくどう(食堂)
- □ びょういん(病院)
- □ ゆうびんきょく(郵便局)
- □ トイレ
- □ レストラン

기타

- □ へや(部屋)
- □ みず(水)
- □ よこ(横)
- □ おんがく(音楽)
- □ りょこう(旅行)
- □ にほんご(日本語)
- □ たんじょうび(誕生日)

あいさつ

どうぞ。

すみません。

失礼(しつれい)します。

ありがとう。
ありがとうございます。

Lesson

03

この 料理(りょうり)は おいしいです

일본어의 형용사에는 「い」형용사와 「な」형용사 두 가지가 있는데 각각 기본형, 정중형, 그리고 부정형 등의 활용에 있어 차이를 보인다. 이 과에서는 이러한 두 가지 형용사에 대해 학습한다.

ここがポイント

1. い형용사의 기본형과 정중형
2. い형용사의 부정형
3. な형용사의 기본형과 정중형
4. な형용사의 부정형
5. い형용사와 な형용사의 명사수식
6. 접속조사 「が」

❶ 단어와 해당 그림을 선으로 연결하시오.

 • • おいしい

 • • きれいだ

 • • 難(むずか)しい

❷ 다음의 표현을 잘 들어보세요. MP3 19

- この 料理(りょうり)は おいしいです。 이 요리는 맛있습니다.
- 私(わたし)の 部屋(へや)は きれいです。 내 방은 깨끗합니다.
- 先生(せんせい)は いい 人(ひと)です。 선생님은 좋은 사람입니다.
- 日本語(にほんご)は 難(むずか)しいですが、おもしろいです。
  일본어는 어렵습니다만, 재미있습니다.

よんでみよう 읽어 봅시다

❶ 아침에 모두 모여 식사를 하고 있다.

MP3 20

① いただきます。
② いただきます。
냠!
!
③ これ、
おいしいです！
와!
④ ありがとう。
もっと どうぞ。
째릿!
아...
소곤...
⑤ おいしい 料理(りょうり)は
たまごやきだけですよ。
⑥ ごちそうさまでした！

TIP 달걀말이

일본의 달걀말이는 소금으로 맛을 내는 것 외에도 「だし巻(ま)き卵(たまご)」라고 하여 우린 국물, 간장, 설탕으로 맛을 내어 만드는 것도 있어 아침식사와 도시락 반찬으로 자주 먹는다.

ダイアローグ1 회화1

ひろと・父(ちち)	いただきます。
金(キム)	いただきます。これ、おいしいです！
母(はは)	ありがとう。もっと どうぞ。
ひろと	おいしい 料理(りょうり)は たまごやきだけですよ。
金(キム)	ごちそうさまでした！

いただきます 잘 먹겠습니다

もっと 더, 더욱

どうぞ 부디, 잘, 자 (드세요)

たまごやき 달걀말이

~だけ ~뿐

~よ (강조·정보 제공)

ごちそうさまでした 잘 먹었습니다

2 김지후는 한국에 있는 유리에게 엽서를 쓰고 있다.

ゆりさんへ
お元気ですか。私は 元気です。

日本の 家族は とても 親切です。毎日 とても 楽しいです。

日本語
日本語は 難しいですが、 おもしろいです。 先生も いい 人です。

韓国は 寒いですか。
日本は 寒く ありません。
桜が きれいです。

TIP 편지

최근에는 일본에서도 이메일이나 SNS가 주류가 되어 손편지로 연락을 주고받는 사람이 많이 줄었다. 정월에 연하장을 보내는 관습은 여전하나 이 마저도 매년 감소 추세라고 한다.

ダイアローグ2 회화2

ゆりさんへ

お元気(げんき)ですか。私(わたし)は 元気(げんき)です。

日本(にほん)の 家族(かぞく)は とても 親切(しんせつ)です。

毎日(まいにち) とても 楽(たの)しいです。

日本語(にほんご)は 難(むずか)しいですが、おもしろいです。

先生(せんせい)も いい 人(ひと)です。

韓国(かんこく)は 寒(さむ)いですか。日本(にほん)は 寒(さむ)く ありません。

桜(さくら)が きれいです。

では、また。お元気(げんき)で。

金(キム)・ジフ

～へ ～에게

とても 아주, 매우

毎日(まいにち) 매일

桜(さくら) 벚꽃

では また 그럼 또

お元気(げんき)で 잘 지내세요

文法チェック 문법 체크

1 い형용사의 기본형과 정중형

おいしい (기본형) + です = おいしいです (정중형)

예문

旅行(りょこう)は 楽(たの)しいです。

この 料理(りょうり)は おいしいです。

田中(たなか)さんの 部屋(へや)は 広(ひろ)いです。

연습문제

보기 あの 時計(とけい)・高(たか)い

→ あの 時計(とけい)は 高(たか)いです。

1 韓国(かんこく)の 映画(えいが)・おもしろい

→ ______________________________

2 この かばん・安(やす)い

→ ______________________________

단어

楽(たの)しい 즐겁다 | 広(ひろ)い 넓다 | 高(たか)い 비싸다, 높다 | 映画(えいが) 영화 | 安(やす)い 싸다

2 い형용사의 부정형

おいしい → おいし~~い~~ → おいしく + ない → おいしく ない → おいしく ないです

→ おいしく ありません

예문

教室(きょうしつ)は 広(ひろ)く ありません。

日本語(にほんご)は 難(むずか)しく ありません。

この 映画(えいが)は おもしろく ありません。

연습문제

보기 この 部屋(へや)・寒(さむ)い

→ この 部屋(へや)は 寒(さむ)く ありません。

1 私(わたし)の かばん・新(あたら)しい

→ ______________________________

2 学生(がくせい)・多(おお)い

→ ______________________________

教室(きょうしつ) 교실 | 寒(さむ)い 춥다 | 新(あたら)しい 새롭다 | 多(おお)い 많다

3 な형용사의 기본형과 정중형

きれいだ (기본형) → きれい~~だ~~ + です → きれいです (정중형)

예문

車は 便利です。

先生は 親切です。

中村さんは きれいです。

연습문제

보기 田中さん・元気だ

→ 田中さんは 元気です。

1 李さん・静かだ

→ ______________________

2 その 歌手・有名だ

→ ______________________

단어

便利だ 편리하다 | 親切だ 친절하다 | 元気だ 잘 지내다, 건강하다 | 静かだ 조용하다 | 有名だ 유명하다

4 な형용사의 부정형

きれいだ → きれい~~だ~~ → きれいでは + ない → きれいでは ない → きれいでは ないです

→ きれいでは ありません

예문 彼女(かのじょ)は 親切(しんせつ)では ありません。

その 歌手(かしゅ)は 有名(ゆうめい)では ありません。

この かばんは 便利(べんり)では ありません。

연습문제

보기 教室(きょうしつ)・静(しず)かだ

→ 教室(きょうしつ)は 静(しず)かでは ありません。

1 私(わたし)の 部屋(へや)・きれいだ

→ ______________________________

2 山田(やまだ)さん・親切(しんせつ)だ

→ ______________________________

5 い형용사와 な형용사의 명사수식

〈い형용사〉おいしい＋料理(りょうり) → おいしい 料理(りょうり)

〈な형용사〉きれいだ＋人(ひと) → きれいな 人(ひと)

예문 おいしい ラーメンです。

静(しず)かな 音楽(おんがく)です。

有名(ゆうめい)な 人(ひと)です。

연습문제

보기 白(しろ)い・車(くるま)

→ 白(しろ)い 車(くるま)です。

1 冷(つめ)たい・水(みず)

→ ____________________

2 すてきだ・家族(かぞく)

→ ____________________

단어

ラーメン 라면 | 白(しろ)い 하얗다 | 冷(つめ)たい 차갑다 | すてきだ 멋지다 | 家族(かぞく) 가족

6 접속조사「が」

일본어의 접속조사 が(~이지만)는 내용적으로 상반되는 두 문장을 접속할 때 사용한다.

예문

その 時計(とけい)は 安(やす)いですが、すてきです。

日本語(にほんご)は 難(むずか)しいですが、楽(たの)しいです。

この 料理(りょうり)は おいしいですが、高(たか)いです。

연습문제

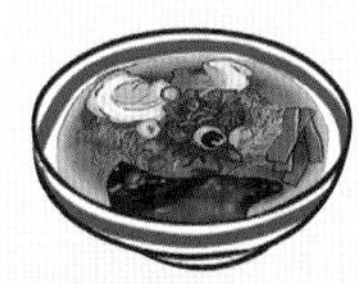

¥1,200

보기 この ラーメン・高(たか)い・おいしい

→ この ラーメンは 高(たか)いですが、おいしいです。

1 車(くるま)・便利(べんり)・危(あぶ)ない

→ ______________________________

2 その 映画(えいが)・おもしろい・長(なが)い

→ ______________________________

危(あぶ)ない 위험하다 | 長(なが)い 길다

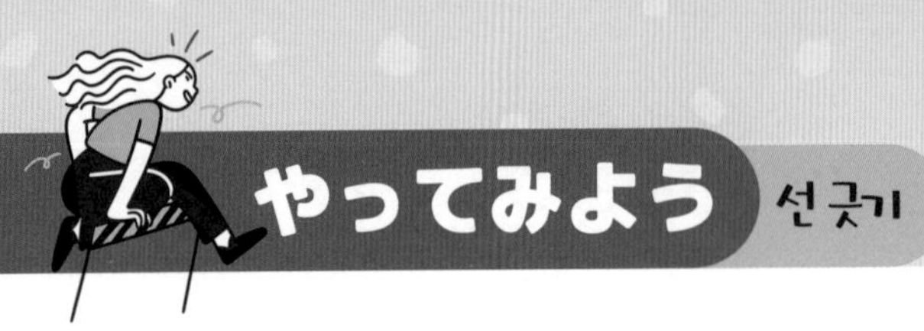

やってみよう 선긋기

1 알맞은 것을 찾아서 선으로 연결해 봅시다.

1

長(なが)いです
細(ほそ)いです

a

2

楽(たの)しいです
人(ひと)が 多(おお)いです

b

3

高(たか)いです
有名(ゆうめい)です

c

4

白(しろ)いです
冷(つめ)たいです

d

細(ほそ)い 가늘다 | 軽(かる)い 가볍다

2 빈칸에 공통으로 들어갈 말을 예에서 골라 적절하게 써 봅시다.

1

A この 教室(きょうしつ)は ________ ですか。

B いいえ、あまり ____________________。

예 寒(さむ)い 冷(つめ)たい

2

A あの 歌手(かしゅ)は ________ ですか。

B いいえ、あまり ____________________。

예 便利(べんり)だ 有名(ゆうめい)だ

はなしてみよう 말해 봅시다

두 사람이 짝이 되어 서로 질문해 봅시다.

MP3 22

보기

あなたの 料理(りょうり)は おいしいですか。

はい → 私(わたし)の 料理(りょうり)は おいしいです。

いいえ → 私(わたし)の 料理(りょうり)は おいしく ありません(ないです)。

1 あなたの 部屋(へや)は きれいですか。

______

2 あなたの かばんは 新(あたら)しいですか。

______

3 日本語(にほんご)の 勉強(べんきょう)は 楽(たの)しいですか。

______

4 자유롭게 질문해 봅시다.

______

単語チェック
단어체크

알고 있는 단어들을 네모 안에 체크해 봅시다.

い형용사

- □ おおい(多い)
- □ かるい(軽い)
- □ さむい(寒い)
- □ しろい(白い)
- □ たかい(高い)
- □ ながい(長い)
- □ ひろい(広い)
- □ ほそい(細い)
- □ やすい(安い)
- □ あぶない(危ない)
- □ おいしい
- □ たのしい(楽しい)
- □ つめたい(冷たい)
- □ あたらしい(新しい)
- □ おもしろい
- □ むずかしい(難しい)

な형용사

- □ きれいだ
- □ げんきだ(元気だ)
- □ しずかだ(静かだ)
- □ べんりだ(便利だ)
- □ すてきだ
- □ しんせつだ(親切だ)
- □ ゆうめいだ(有名だ)

기타

- □ さくら(桜)
- □ えいが(映画)
- □ かぞく(家族)
- □ まいにち(毎日)
- □ りょうり(料理)
- □ きょうしつ(教室)
- □ たまごやき
- □ チゲ
- □ ラーメン

あいさつ

いただきます。

では、また。

おげんきで。

Lesson

04

昨日(きのう)は　とても 暑(あつ)かったです

이 과에서는 「い」형용사, 「な」형용사, 명사의 과거형과 과거부정형에 대해 학습한다.

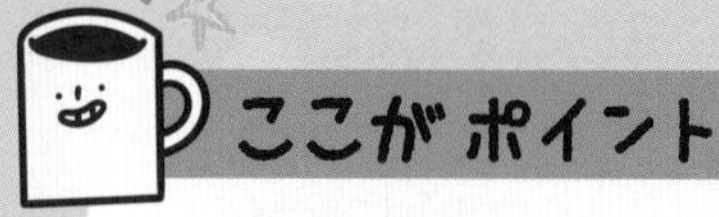

1. い형용사의 과거형
2. い형용사의 과거부정형
3. な형용사의 과거형
4. な형용사의 과거부정형
5. 명사문의 과거형
6. 명사문의 과거부정형

❶ 단어와 해당 그림을 선으로 연결하시오.

• 昨日(きのう)

• 暑(あつ)い

• にぎやかだ

❷ 다음의 표현을 잘 들어보세요.

- 昨日(きのう)は とても 暑(あつ)かったです。 어제는 매우 더웠습니다.
- 町(まち)は にぎやかでした。 동네는 북적였습니다.
- 10年前(ねんまえ)は 会社員(かいしゃいん)でした。 10년 전에는 회사원이었습니다.

1 김지후는 아키하바라에 다녀왔다.

MP3 24

① ただいま。

② おかえりなさい。秋葉原、楽しかったですか。

③ はい。とても おもしろかったです。

④ それは 何ですか。

⑤ あ、これは ゲームです。

⑥ ゲームが とても 安かったです。

⑦ それから、秋葉原は おもしろい 服の 女の人が 多いですね！

TIP 아키하바라

도쿄에 위치한 아키하바라는 전자 제품 매장이 많으며 게임이나 애니메이션, 아이돌 관련 상품이 많이 판매되는 것으로 유명하다. 인기 아이돌이나 애니메이션 캐릭터 등의 코스튬(costume)으로 몸을 감싼 'コスプレ'의 성지라고도 부른다.

ダイアローグ１ 회화 1

金(キム) ただいま。

母(はは) おかえりなさい。秋葉原(あきはばら)、楽(たの)しかったですか。

金(キム) はい。とても おもしろかったです。

母(はは) それは 何(なん)ですか。

金(キム) あ、これは ゲームです。ゲームが とても 安(やす)かったです。
それから、秋葉原(あきはばら)は おもしろい 服(ふく)の 女(おんな)の人(ひと)が 多(おお)いですね！

ただいま 다녀왔습니다

おかえりなさい 잘 다녀왔어요?, 어서 와요

秋葉原(あきはばら) 아키하바라(일본의 지명)

ゲーム 게임

それから 그리고, 그 다음에

服(ふく) 옷

女(おんな)の人(ひと) 여자

2 김지후가 다나카 부부의 옛날 사진을 보며 이야기하고 있다. MP3 25

① これ、お父さんの昔の 写真です。

② え、これ、本当にお父さんですか。昔は すてきでしたね。

③ ね～～～～。

④ お母さんも 昔はきれいでしたよ。

지금은...

하하...

⑤ 私は 今もきれいです。

TIP 호칭

일본어에서 가족 호칭은 가장 나이가 어린 아이를 기준으로 결정되는 것이 일반적이다. 예를 들어 아이가 있는 부부는 서로를 「ママ」「パパ」 또는 「お父さん」「お母さん」으로 부르며, 아이의 형이나 누나는 「お兄ちゃん」「お姉ちゃん」이라고 부른다.

ダイアローグ2 회화2

母(はは)　これ、お父(とう)さんの 昔(むかし)の 写真(しゃしん)です。

金(キム)　え、これ、本当(ほんとう)に お父(とう)さんですか。

昔(むかし)は すてきでしたね。

母(はは)　ね～～～～。

父(ちち)　お母(かあ)さんも 昔(むかし)は きれいでしたよ。

母(はは)　私(わたし)は 今(いま)も きれいです。

お父(とう)さん 아버지(아내가 남편에게 부르기도 함)

昔(むかし) 옛날

本当(ほんとう)に 정말로

お母(かあ)さん 어머니(남편이 아내에게 부르기도 함)

今(いま) 지금

～も ～도

文法チェック 문법 체크

1 い형용사의 과거형

おいしい → おいしい̸ → おいし + かった → おいしかった (◯) → おいしかったです (◯)

→ おいしい + です → おいしいです → おいしいでした (×)

예문

昨日(きのう)は とても 暑(あつ)かったです。

あの 映画(えいが)は おもしろかったです。

この 本(ほん)は よかったです。

연습문제

보기 日本語(にほんご)の テスト・難(むずか)しい

→ 日本語(にほんご)の テストは 難(むずか)しかったです。

1 先週(せんしゅう)・涼(すず)しい

→ ______________________________

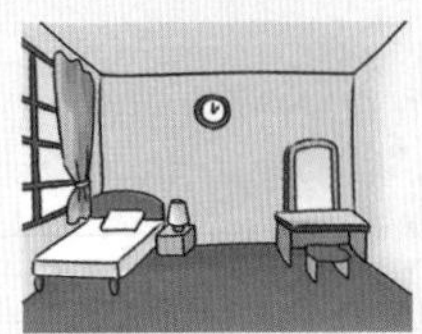

2 部屋(へや)・明(あか)るい

→ ______________________________

いい・よい 좋다 | テスト 시험 | 先週(せんしゅう) 지난주 | 涼(すず)しい 시원하다 | 明(あか)るい 밝다

2 い형용사의 과거부정형

おいしい → おいしくない → おいしくな + かった → おいしくなかった(◎) → おいしくなかったです(◎)

→ おいしく ありません + でした → おいしく ありませんでした (◎)

→ おいしく ない + でした → おいしく ないでした (×)

예문

先週(せんしゅう)は あまり **涼(すず)しく ありませんでした**。

その 映画(えいが)は **おもしろく ありませんでした**。

英語(えいご)の テストは **よく ありませんでした**。

연습문제

보기 日本語(にほんご)の 勉強(べんきょう)・難(むずか)しい

→ 日本語(にほんご)の 勉強(べんきょう)は 難(むずか)しく ありませんでした。

1 学生(がくせい)・多(おお)い

→ ______________________

2 家(いえ)・古(ふる)い

→ ______________________

단어

あまり 그다지 | 英語(えいご) 영어 | 勉強(べんきょう) 공부 | 家(いえ) 집 | 古(ふる)い 낡다

3 な형용사의 과거형

きれいだ → きれいだ → きれい + です → きれいです → きれいでした (◯)

예문 学校(がっこう)は 静(しず)かでした。

先生(せんせい)は 元気(げんき)でした。

おとといは 暇(ひま)でした。

연습문제

보기 田中(たなか)さん・親切(しんせつ)だ

→ 田中(たなか)さんは 親切(しんせつ)でした。

1 あの 歌手(かしゅ)・有名(ゆうめい)だ

→ ______________________________

2 町(まち)・にぎやかだ

→ ______________________________

4 な형용사의 과거부정형

きれいだ → きれいでは ない → きれいでは なかった(◯) → きれいでは なかったです (◯)

↘ きれいでは ありません + でした → きれいでは ありませんでした (◯)

예문 町(まち)は にぎやかでは ありませんでした。

木村(きむら)さんは 元気(げんき)では ありませんでした。

この お菓子(かし)は 有名(ゆうめい)では ありませんでした。

연습문제

보기 教室(きょうしつ)・静(しず)かだ

→ 教室(きょうしつ)は 静(しず)かでは ありませんでした。

1 駅(えき)・きれいだ

→ ________________________________

2 昨日(きのう)・暇(ひま)だ

→ ________________________________

단어

駅(えき) 역

5 명사문의 과거형

学生(がくせい)だ → 学生(がくせい)だ → 学生(がくせい) + だった → 学生(がくせい)だった (◯) → 学生(がくせい)でした (◯)

예문

昨日(きのう)は 雨(あめ)でした。

朝(あさ)ご飯(はん)は パンでした。

母(はは)は 小学校(しょうがっこう)の 先生(せんせい)でした。

연습문제

보기 プレゼント・時計(とけい)

→ プレゼントは 時計(とけい)でした。

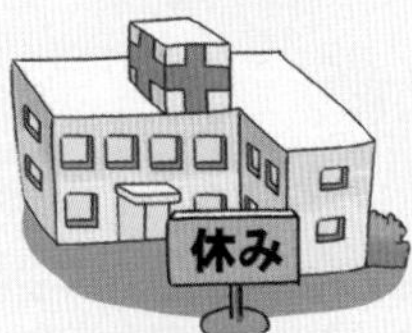

1 病院(びょういん)・休(やす)み

→ ______________________

2 父(ちち)・警察官(けいさつかん)

→ ______________________

단어

雨(あめ) 비 | 朝(あさ)ご飯(はん) 아침밥 | パン 빵 | 母(はは) 어머니 | 小学校(しょうがっこう) 초등학교 | 休(やす)み 휴일 | 父(ちち) 아버지 | 警察官(けいさつかん) 경찰관

6 명사문의 과거부정형

学生(がくせい)だ → 学生(がくせい)では ない → 学生(がくせい)では なかった(◎) → 学生(がくせい)では なかったです(◎)

↘ 学生(がくせい)では ありません + でした → 学生(がくせい)では ありませんでした(◎)

예문 それは 水(みず)では ありませんでした。

10年前(ねんまえ)、ここは 駅(えき)では ありませんでした。

デパートは 休(やす)みでは ありませんでした。

연습문제

보기 去年(きょねん)・大学生(だいがくせい)

→ 去年(きょねん)は 大学生(だいがくせい)では ありませんでした。

1 そこ・郵便局(ゆうびんきょく)

→ ____________________

2 先週(せんしゅう)・雨(あめ)

→ ____________________

단어

去年(きょねん) 작년

기억력 테스트

① 두 명이 짝을 이뤄 주세요.
② 다음 그림을 10초 동안 자세히 봐 주세요.
③ 한 명이 질문을 하고 다른 한 명은 그림을 보지 말고 대답하세요.
④ 역할을 바꿔 다시 한 번 해 봅시다.

1

❶ 目(め)は 大(おお)きかったですか。 ________________

❷ 背(せ)は 高(たか)かったですか。 ________________

❸ 靴(くつ)は 黒(くろ)かったですか。 ________________

2

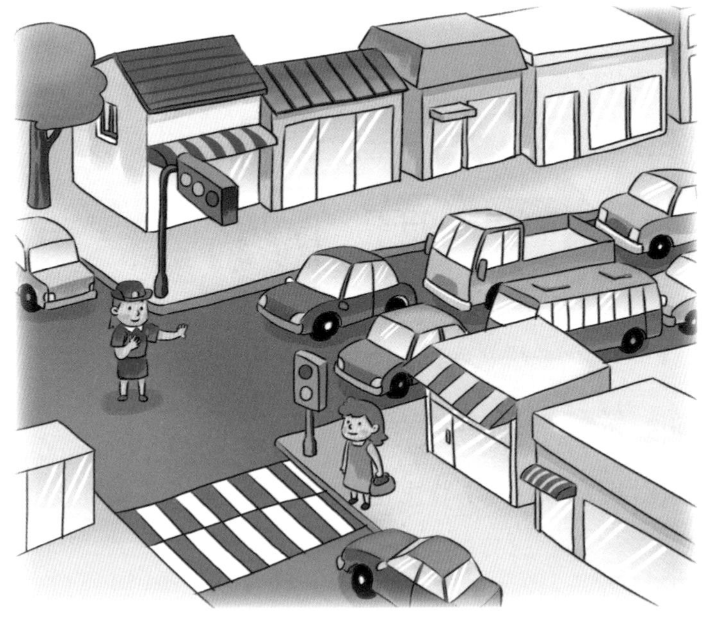

❶ 人は 多かったですか。 ～～～～～～～～～～～～～～～～～～

❷ 信号は 赤でしたか。 ～～～～～～～～～～～～～～～～～～

❸ 警察官は 男の人でしたか。 ～～～～～～～～～～～～～～～～～～

단어

目 눈 | 大きい 크다 | 黒い 검다 | 信号 신호(등) | 赤 빨강 | 男の人 남자

はなしてみよう 말해 봅시다

그림을 보면서 다음과 같이 말해 봅시다.

→ 10年前(ねんまえ)は 髪(かみ)が 長(なが)かったです。
10年前(ねんまえ)は 髪(かみ)が 短(みじか)く ありませんでした。

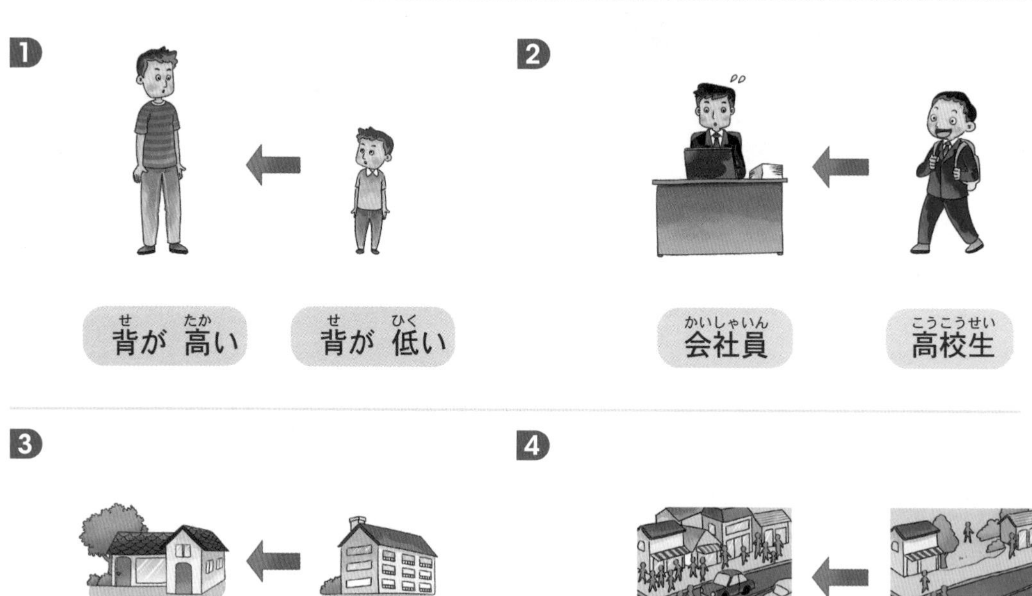

髪(かみ) 머리카락 | 短(みじか)い 짧다 | 背(せ)が 高(たか)い 키가 크다 | 背(せ)が 低(ひく)い 키가 작다

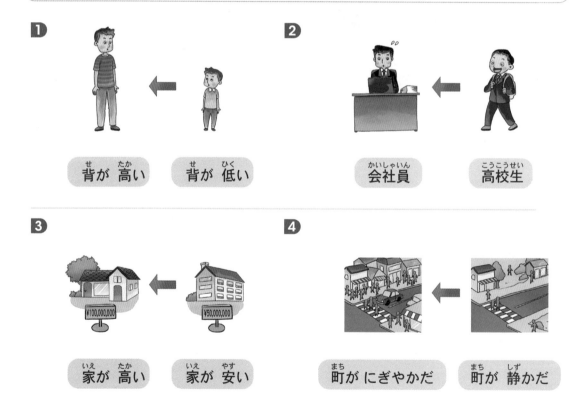

単語チェック
단어체크

알고 있는 단어들을 네모 안에 체크해 봅시다.

때를 나타내는 말

- □ きのう(昨日)
- □ おととい
- □ せんしゅう(先週)
- □ きょねん(去年)

い형용사

- □ あつい(暑い)
- □ ふるい(古い)
- □ いい・よい
- □ すずしい(涼しい)
- □ あかるい(明るい)
- □ みじかい(短い)
- □ ひくい(低い)
- □ くろい(黒い)
- □ おおきい(大きい)

な형용사

- □ ひまだ(暇だ)
- □ にぎやかだ
- □ ふべんだ(不便だ)

기타

- □ あめ(雨)
- □ いえ(家)
- □ えき(駅)
- □ せ(背)
- □ ちち(父)
- □ はは(母)
- □ ふく(服)
- □ まち(町)
- □ えいご(英語)
- □ やすみ(休み)
- □ しんごう(信号)
- □ あさごはん(朝ご飯)
- □ おとうさん(お父さん)
- □ おかあさん(お母さん)
- □ べんきょう(勉強)
- □ あか(赤)
- □ パン
- □ ゲーム
- □ テスト

あいさつ

ただいま。

おかえりなさい。

Lesson

05

これは いくらですか

이 과에서는 일본어의 숫자를 중심으로 다양한 조사에 대해 학습한다.

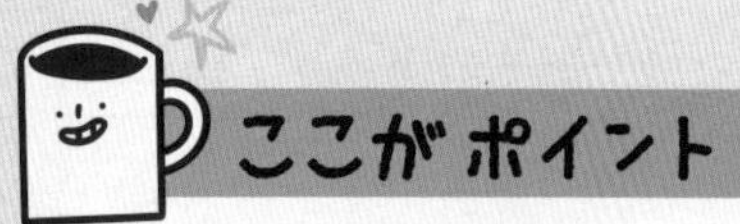

1. 일본어의 숫자
2. 가격, 수량을 묻는 의문사 「いくら」「いくつ」
3. 날짜, 시간을 묻는 의문사 「いつ」
4. 「～から～まで」(～부터(에서) ～까지)
5. 조사 「は」와 「が」
6. 대비를 나타내는 조사 「は」

はじめよう 시작해봅시다

❶ 단어와 해당 그림을 선으로 연결하시오.

• • 果物(くだもの)

• • 好(す)きだ

• • 暖(あたた)かい

❷ 다음의 표현을 잘 들어보세요. MP3 27

- A : これは いくらですか。 이것은 얼마입니까?

  B : 500円(えん)です。 500엔입니다.

- A : 誕生日(たんじょうび)は いつですか。 생일은 언제입니까?

  B : 2月11日(にがつじゅういちにち)です。 2월 11일입니다.

- 妹(いもうと)は 果物(くだもの)が 好(す)きです。 여동생은 과일을 좋아합니다.

- 外(そと)は 寒(さむ)いですが、部屋(へや)は 暖(あたた)かいです。

  밖은 춥습니다만, 방은 따뜻합니다.

1 히로토와 김지후가 생일에 관해 이야기하고 있다.

 MP3 28

① 金さん、誕生日はいつですか。

② 4月21日です。

③ 21日は…木曜日…

④ あっ、今日ですね！

⑤ これ、いくらですか。

⑥ ひとつ100円です。

⑦ じゃあ、これを4つ ください。

⑧ 金さん、お誕生日おめでとうございます!!

TIP 생일

일본에서도 한국과 마찬가지로 생일에 케이크를 먹는다. 하지만 한국의 미역국처럼 생일에 반드시 먹어야 하는 요리는 없어 생일을 맞은 사람이 먹고 싶어하는 것을 만들어 먹거나 외식 등을 한다.

ダイアローグ 1 회화1

ひろと 金(キム)さん、誕生日(たんじょうび)は いつですか。

金(キム) 4月21日(しがつにじゅういちにち)です。

ひろと 21日(にじゅういちにち)は…木曜日(もくようび)…あっ、今日(きょう)ですね!

(케이크 가게에서)

ひろと これ、いくらですか。

店員(てんいん) ひとつ 100円(ひゃくえん)です。

ひろと じゃあ、これを 4(よっ)つ ください。

(거실에서)

ひろと 金(キム)さん、お誕生日(たんじょうび) おめでとうございます!!

今日(きょう) 오늘

店員(てんいん) 점원

ください 주세요

おめでとうございます 축하합니다

2 다나카와 김지후가 스포츠에 관해 이야기하고 있다. MP3 29

TIP 야구

야구는 일본에서 가장 인기가 많은 스포츠 중의 하나. 한국과 마찬가지로 자신의 근거지에 프로야구 구단이 있으면 그 팀의 팬인 사람이 많다. 가령 도쿄는 ジャイアンツ, 오사카는 タイガース, 후쿠오카는 ホークス를 응원하는 식이다.

ダイアローグ2 회화2

父 金さんは スポーツが 好きですか。

金 はい。でも 野球は 好きですが、サッカーは あまり 好きじゃ ありません。

ひろと あ、ぼくも 野球が 大好きです。

父 じゃあ、今週の 日曜日に、みんな 一緒に どうですか。

金 あ、プロ野球の 試合ですね！

ひろと やったー。

スポーツ 스포츠, 운동

ぼく 나(남자가 자기를 가리킬 때)

大好きだ 아주 좋아하다

今週 이번 주

みんな 모두

一緒に 함께

プロ野球 프로야구

やった 잘 됐다

文法チェック 문법 체크

1 일본어의 숫자

일본어 숫자에는 기수와 서수가 있다. (p.92 참조)

예문 これを 3(みっ)つ ください。
たまごを 5(いつ)つ ください。
コップを 4(よっ)つ ください。

연습문제

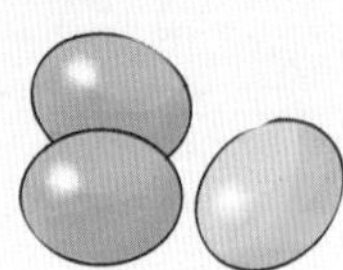

보기 たまご・3
→ たまごを 3(みっ)つ ください。

1 りんご・4
→ ______________________

2 牛乳(ぎゅうにゅう)・1
→ ______________________

단어

たまご 달걀 | コップ 컵 | りんご 사과 | 牛乳(ぎゅうにゅう) 우유

2 가격, 수량을 묻는 의문사「いくら」「いくつ」

いくら = 얼마(가격) / 얼마나(정도)　いくつ = 몇 개(개수)

예문

A : これは いくらですか。

B : 200円(にひゃくえん)です。

A : りんごは いくつ ありますか。

B : 3つ(みっつ)です。

연습문제

보기 メロン・700円(えん)

→ A : メロンは いくらですか。

B : 700円(ななひゃくえん)です。

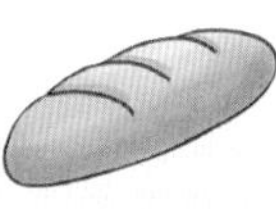

1 パン・300円(えん)

→ ____________________

2 くつ・5600円(えん)

→ ____________________

단어

メロン 멜론

3 날짜, 시간을 묻는 의문사「いつ」

いつ = 언제(날짜, 시간)　　(p.92, 93 참조)

예문

A : 誕生日(たんじょうび)は いつですか。
B : 9月(くがつ) 20日(はつか)です。

A : 出発(しゅっぱつ)は いつですか。
B : 3月(さんがつ) 13日(じゅうさんにち)です。

연습문제

보기 テスト・4月19日

→ A : テストは いつですか。
　B : 4月(しがつ) 19日(じゅうくにち)です。

1 野球(やきゅう)の 練習(れんしゅう)・8月30日

→ ______________________________

2 パーティー・11月8日

→ ______________________________

단어

出発(しゅっぱつ) 출발 | 練習(れんしゅう) 연습 | パーティー 파티

4 ～から～まで ～부터(에서) ～까지

(p.93 참조)

예문 仕事(しごと)は 9時(くじ)から 5時(ごじ)までです。

試合(しあい)は 月曜日(げつようび)から 水曜日(すいようび)までです。

この バスは 新宿(しんじゅく)から 渋谷(しぶや)までです。

연습문제

보기 休(やす)み・金曜日(きんようび)～日曜日(にちようび)

→ 休(やす)みは 金曜日(きんようび)から 日曜日(にちようび)までです。

1 授業(じゅぎょう)・8：00～3：00

→ ______________________________

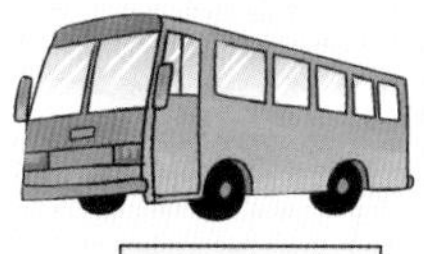

2 この バス・東京(とうきょう)・大阪(おおさか)

→ ______________________________

단어

仕事(しごと) 일, 업무 ｜ バス 버스 ｜ 新宿(しんじゅく) 신주쿠(지명) ｜ 渋谷(しぶや) 시부야(지명) ｜ 試合(しあい) 시합 ｜ 授業(じゅぎょう) 수업 ｜ 東京(とうきょう) 도쿄(도시명) ｜ 大阪(おおさか) 오사카(도시명)

5 조사「は」와「が」

は = 은/는, が = 이/가 (단, 대상 + が + 好(す)きだ・嫌(きら)いだ・上手(じょうず)だ・下手(へた)だ)

예문 妹(いもうと)は 果物(くだもの)が 好(す)きです。
李(イ)さんは 野菜(やさい)が 嫌(きら)いです。
田中(たなか)さんは サッカーが 上手(じょうず)です。

연습문제

보기 彼(かれ)・料理(りょうり)・下手(へた)
→ 彼(かれ)は 料理(りょうり)が 下手(へた)です。

1 兄(あに)・車(くるま)・好(す)きだ
→ ______________________

2 姉(あね)・すいか・嫌(きら)いだ
→ ______________________

단어
野菜(やさい) 채소 | 嫌(きら)いだ 싫어하다 | サッカー 축구 | 上手(じょうず)だ 능숙하다, 잘하다 | 下手(へた)だ 서툴다, 잘 못하다 | 兄(あに) 형, 오빠 | 姉(あね) 언니, 누나 | すいか 수박

6 대비를 나타내는 조사 「は」

~は = (다른 것보다도) ~은/는

예문 外は 寒いですが、部屋は 暖かいです。

パンは 嫌いですが、サンドイッチは 好きです。

町は 古いですが、駅は 新しいです。

연습문제

보기 うどん・好き／ラーメン・嫌いだ

→ うどんは 好きですが、ラーメンは 嫌いです。

1 山田さんの カメラ・高い／私の カメラ・安い

→ ______________________________

2 とんかつ・嫌い／この 店の とんかつ・おいしい

→ ______________________________

단어

サンドイッチ 샌드위치 | うどん 우동 | カメラ 카메라 | とんかつ 돈가스 | 店 가게

일본어의 기수와 서수

기수	一 いち	二 に	三 さん	四 よん／ し	五 ご	六 ろく	七 なな／ しち	八 はち	九 きゅう ／く	十 じゅう
서수	一つ ひとつ	二つ ふたつ	三つ みっつ	四つ よっつ	五つ いつつ	六つ むっつ	七つ ななつ	八つ やっつ	九つ ここのつ	十 とお

• 「～を+서수+ください」(~을 몇 개(개수) 주세요)

가격 말하기

100 円	200 円	300 円	400 円	500 円
ひゃくえん	にひゃくえん	さんびゃくえん	よんひゃくえん	ごひゃくえん
600 円	**700 円**	**800 円**	**900 円**	**1000 円**
ろっぴゃくえん	ななひゃくえん	はっぴゃくえん	きゅうひゃくえん	せんえん

1000 円	2000 円	3000 円	4000 円	5000 円
せんえん	にせんえん	さんぜんえん	よんせんえん	ごせんえん
6000 円	**7000 円**	**8000 円**	**9000円**	**10000 円**
ろくせんえん	ななせんえん	はっせんえん	きゅうせんえん	いちまんえん

날짜 말하기

1月	2月	3月	4月	5月	6月
いちがつ	にがつ	さんがつ	しがつ	ごがつ	ろくがつ
7月	**8月**	**9月**	**10月**	**11月**	**12月**
しちがつ	はちがつ	くがつ	じゅうがつ	じゅういちがつ	じゅうにがつ

1日	2日	3日	4日	5日
ついたち	ふつか	みっか	よっか	いつか
6日	7日	8日	9日	10日
むいか	なのか	ようか	ここのか	とおか
11日	12日	13日	14日	15日
じゅういちにち	じゅうににち	じゅうさんにち	じゅうよっか	じゅうごにち
16日	17日	18日	19日	20日
じゅうろくにち	じゅうしちにち	じゅうはちにち	じゅうくにち	はつか
21日	22日	23日	24日	25日
にじゅういちにち	にじゅうににち	にじゅうさんにち	にじゅうよっか	にじゅうごにち
26日	27日	28日	29日	30日
にじゅうろくにち	にじゅうしちにち	にじゅうはちにち	にじゅうくにち	さんじゅうにち

요일 말하기

月曜日	火曜日	水曜日	木曜日	金曜日	土曜日	日曜日
げつようび	かようび	すいようび	もくようび	きんようび	どようび	にちようび

시간 말하기

1時	2時	3時	4時	5時	6時
いちじ	にじ	さんじ	よじ	ごじ	ろくじ
7時	8時	9時	10時	11時	12時
しちじ	はちじ	くじ	じゅうじ	じゅういちじ	じゅうにじ

やってみよう 틀린 그림찾기

1 두 그림의 다른 부분(총 5군데)을 찾아 봅시다.

上(うえ)の絵(え)は ______________ ですが、下(した)の絵(え)は ______________ です。

 그림을 보고 가격을 히라가나로 써 봅시다.

1

2

その かばんは
いくらですか。

______ 円です。

1600円

はなしてみよう 말해 봅시다

A, B로 나누어 대화를 나눠봅시다.

MP3 30

보기

¥250

A すみません、これ、いくらですか。

B ひとつ 250円(にひゃくごじゅうえん) です。

A じゃあ 5つ(いつつ) ください。

B はい、ありがとうございます。

1

¥320

2

¥980

3

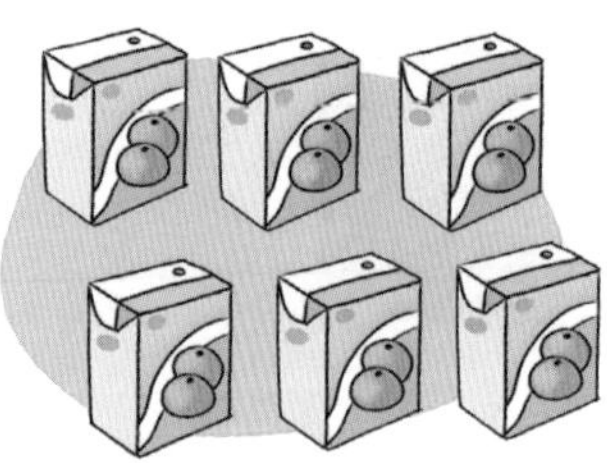

¥70

4

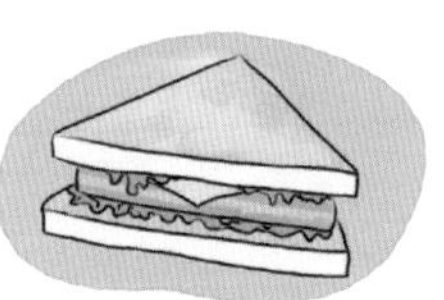

¥400

単語チェック
단어체크

알고 있는 단어들을 네모 안에 체크해 봅시다.

음식

- □ うどん
- □ すいか
- □ りんご
- □ やさい(野菜)
- □ とんかつ
- □ くだもの(果物)
- □ ぎゅうにゅう(牛乳)
- □ メロン
- □ サンドイッチ

い형용사

- □ あたたかい(暖かい)

な형용사

- □ じょうずだ(上手だ)
- □ へただ(下手だ)
- □ すきだ(好きだ)
- □ だいすきだ(大好きだ)
- □ きらいだ(嫌いだ)

기타

- □ そと(外)
- □ みせ(店)
- □ しあい(試合)
- □ しごと(仕事)
- □ しゅっぱつ(出発)
- □ じゅぎょう(授業)
- □ れんしゅう(練習)
- □ プロやきゅう(プロ野球)
- □ きょう(今日)
- □ こんしゅう(今週)
- □ あに(兄)
- □ あね(姉)
- □ てんいん(店員)
- □ バス
- □ カメラ
- □ コップ
- □ スポーツ
- □ パーティー

あいさつ

おめでとう。

おめでとうございます。

Lesson

06

魚(さかな)の ほうが 好(す)きです

이 과에서는 명사, い / な형용사를 포함한 두 개의 문장을 연결하는 방법과 비교의문문에 대해 학습한다.

ここが ポイント

1. 명사문의 연결 「～で」 (~이고)
2. い형용사의 연결 「~(く)て」 (~하고)
3. な형용사의 연결 「～で」 (~하고)
4. 「Aと Bと どちらが～ですか」 (A와 B 중 어느 쪽이 ~입니까?)
5. 「Aより Bの ほうが～です」 (A보다 B가 더 ~입니다)
6. 「～の 中で {どれ/どこ/何/誰}が 一番～ですか」 (~중에서 {어느 것/어디/무엇/누구}이(가) 가장 ~입니까?)

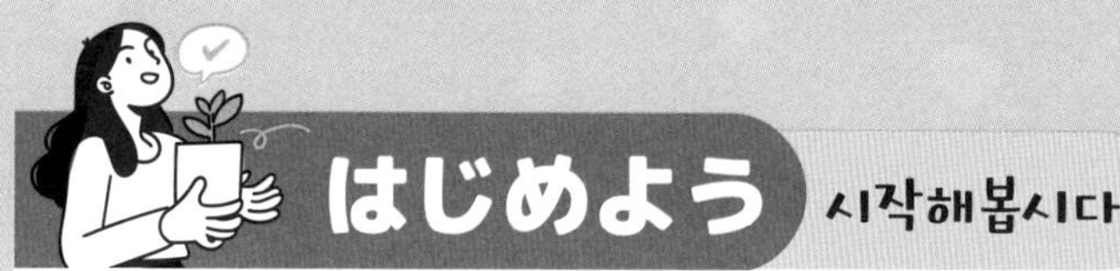

❶ 단어와 해당 그림을 선으로 연결하시오.

 • • 重(おも)い

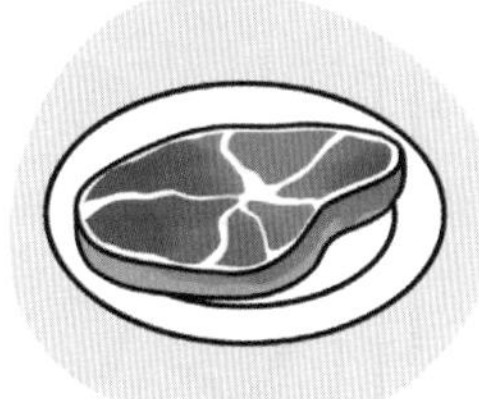 • • 魚(さかな)

 • • 肉(にく)

❷ 다음의 표현을 잘 들어보세요. MP3 **31**

- この かばんは 大(おお)きくて 重(おも)いです。
  이 가방은 크고 무겁습니다.
- 彼女(かのじょ)は きれいで 静(しず)かな 人(ひと)です。
  그녀는 예쁘고 조용한 사람입니다.
- A : 魚(さかな)と 肉(にく)と どちらが 好(す)きですか。
  생선과 고기 중 어느 쪽을 좋아합니까?

  B : 肉(にく)より 魚(さかな)の ほうが 好(す)きです。
  고기보다 생선을 더 좋아합니다.

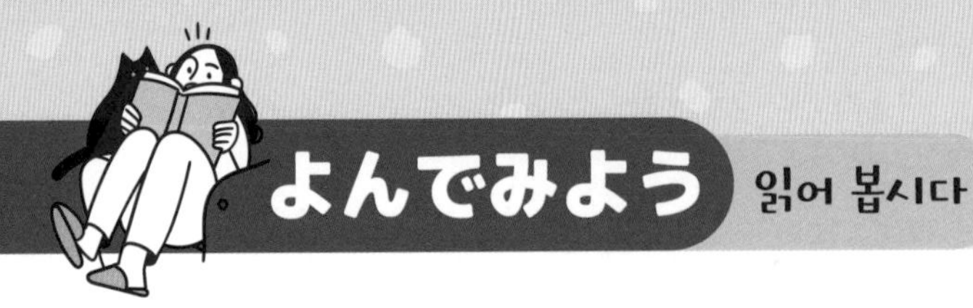

よんでみよう 읽어 봅시다

1 다나카와 김지후가 집을 나서고 있다. MP3 32

① いってきます!

② いってらっしゃい。

③ 金さんの 学校は どこですか。

④ 新宿です。

⑤ 新宿は バスと 電車と どちらが 早いですか。

!

⑥ バスの ほうが 近いですが…朝は 電車の ほうが 早いです。

흠...

⑦ 東京は 車が とても 多いです。だから、電車が 一番 便利ですよ。

⑧ ソウルと 同じですね。

하하...

TIP 지연증명서

지하철과 전차는 운행 시간이 정확하기 때문에 교통 혼잡 시간에는 버스나 자동차보다 안심할 수 있으나, 사고, 고장 등으로 운행이 지연되는 경우도 있다. 5분 이상 지연될 경우, 개찰구나 창구에서 역무원으로부터 지연증명서를 발급받아 회사나 학교에 제출할 수 있다.

ダイアローグ1 회화1

父(ちち)・金(キム) いってきます！

母(はは) いってらっしゃい。

父(ちち) 金(キム)さんの 学校(がっこう)は どこですか。

金(キム) 新宿(しんじゅく)です。新宿(しんじゅく)は バスと 電車(でんしゃ)と どちらが 早(はや)いですか。

父(ちち) バスの ほうが 近(ちか)いですが…朝(あさ)は 電車(でんしゃ)の ほうが 早(はや)いです。
東京(とうきょう)は 車(くるま)が とても 多(おお)いです。
だから、電車(でんしゃ)が 一番(いちばん) 便利(べんり)ですよ。

金(キム) ソウルと 同(おな)じですね。

いってきます 다녀오겠습니다

いってらっしゃい 다녀오세요(**いっていらっしゃい**의 회화체 표현)

早(はや)い 빠르다, 이르다(시간)

朝(あさ) 아침

だから 그래서

同(おな)じだ 같다

2 히로토가 김지후의 이상형에 관해 묻고 있다.

① 金さんは どんな 女の人が 好きですか。

② そうですね…やっぱり、美人で、優しくて、

③ 背が 高くて、髪が 長くて、目が 大きくて、顔が 小さくて、指が 細くて、

④ それから、えーと、あ、料理が 上手で…ピアノが…。

TIP 피아노

피아노는 일본에서 여자 아이가 취미로 많이 배우는 대중적인 악기. 최근 들어 피아노를 칠 수 있는 남자 아이를 「ピアノ男子」라고 해서, 꽤 인기가 있다고 한다.

ダイアローグ2 회화2

ひろと　金(キム)さんは どんな 女(おんな)の人(ひと)が 好(す)きですか。

金(キム)　そうですね…やっぱり、美人(びじん)で、優(やさ)しくて、背(せ)が 高(たか)くて、髪(かみ)が 長(なが)くて、目(め)が 大(おお)きくて、顔(かお)が 小(ちい)さくて、指(ゆび)が 細(ほそ)くて、それから、えーと、あ、料理(りょうり)が 上手(じょうず)で…ピアノが…。

どんな 어떤

そうですね 글쎄요

やっぱり 역시 (やはり의 구어체)

美人(びじん) 미인

顔(かお) 얼굴

小(ちい)さい 작다

ピアノ 피아노

文法チェック 문법 체크

1 명사문의 연결 ～で ～이고

学生だ (기본형) → 学生だ → 学生で ～ (연결형)

예문

妹は 20歳で 学生です。

彼は 中国人で 会社員です。

金さんは 韓国人で 大学生です。

연습문제

보기 田中さん・女性・医者

→ 田中さんは 女性で 医者です。

1 李さん・男性・警察官

→ ____________________

2 スミスさん・アメリカ人・英語の 先生

→ ____________________

단어

女性 여성 | 男性 남성

2 い형용사의 연결 ~(く)て ~하고

おいしい (기본형) → おいしい̸ → おいしく + て → おいしくて~ (연결형)

예문 ぞうの 鼻(はな)は 太(ふと)くて 長(なが)いです。

りんごは 安(やす)くて おいしいです。

あの 映画(えいが)は 長(なが)くて つまらないです。

연습문제

보기 すいか・丸(まる)い・大(おお)きい

→ すいかは 丸(まる)くて 大(おお)きいです。

1 山田(やまだ)さんの 指(ゆび)・細(ほそ)い・長(なが)い

→ ____________________

2 電車(でんしゃ)・速(はや)い・便利(べんり)だ

→ ____________________

단어

ぞう 코끼리 | 鼻(はな) 코 | 太(ふと)い 굵다 | つまらない 지루하다 | 丸(まる)い 둥글다 | 指(ゆび) 손가락 | 電車(でんしゃ) 전철 | 速(はや)い 빠르다(속도)

3 な형용사의 연결 ～で ～이고

きれいだ (기본형) → きれいだ → きれいで～ (연결형)

예문 彼女(かのじょ)は きれいで 優(やさ)しいです。

この 料理(りょうり)は 有名(ゆうめい)で おいしいです。

友達(ともだち)の 朴(パク)さんは 親切(しんせつ)で いい 人(ひと)です。

연습문제

보기 この かばん・丈夫(じょうぶ)だ・便利(べんり)だ

→ この かばんは 丈夫(じょうぶ)で 便利(べんり)です。

1 ソウル・にぎやかだ・人(ひと)が 多(おお)い

→ ________________________________

2 山田(やまだ)さん・サッカーが 上手(じょうず)・明(あか)るい 人(ひと)

→ ________________________________

優(やさ)しい 상냥하다 | 友達(ともだち) 친구 | 丈夫(じょうぶ)だ 튼튼하다

4 Aと Bと どちらが～ですか

A와 B 중 어느 쪽이 ~입니까?

비교대상이 2개(A, B)로 한정된 경우의 비교의문문이다.

예문 金(キム)さんと 李(イ)さんと どちらが 髪(かみ)が 長(なが)いですか。

映画(えいが)と 本(ほん)と どちらが おもしろいですか。

スキーと テニスと どちらが 上手(じょうず)ですか。

연습문제

보기 コーヒー・お茶(ちゃ)・好(す)きだ

→ コーヒーと お茶(ちゃ)と どちらが 好(す)きですか。

1 土曜日(どようび)・日曜日(にちようび)・暇(ひま)だ

→ ______________________________

2 A図書館(としょかん)・B図書館(としょかん)・広(ひろ)い

→ ______________________________

スキー 스키 | テニス 테니스 | コーヒー 커피 | お茶(ちゃ) 차 | 図書館(としょかん) 도서관

5 Aより Bの ほうが〜です A보다 B가 더 ~입니다

비교대상이 2개인 비교의문문에 대한 대답으로 주로 사용한다.

예문

冬(ふゆ)より 夏(なつ)の ほうが 好(す)きです。

野球(やきゅう)より サッカーの ほうが 得意(とくい)です。

駅(えき)より 学校(がっこう)の ほうが 近(ちか)いです。

연습문제

보기

→ A：すいかと メロンと どちらが いいですか。

B：すいかより メロンの ほうが いいです。

1

→ A：バスと 電車(でんしゃ)と どちらが 便利(べんり)ですか。

B：＿＿＿＿＿＿＿＿＿＿＿＿＿＿＿＿

2

→ A：ソウルと 東京(とうきょう)と どちらが 大(おお)きいですか。

B：＿＿＿＿＿＿＿＿＿＿＿＿＿＿＿＿

단어

冬(ふゆ) 겨울 | 夏(なつ) 여름 | 得意(とくい)だ 잘하다, 장기이다 | 近(ちか)い 가깝다

6 ~の中(なか)で{どれ/どこ/何(なに)/誰(だれ)}が一番(いちばん)~ですか

~중에서 (어느 것/ 어디 / 무엇 / 누구) 이(가) 가장 ~입니까?

비교대상이 3개 이상인 경우의 비교의문문이며, 이에 대한 대답으로는 **~が一番(いちばん)~です**(~이 가장 ~입니다)를 사용한다.

예문

この 中(なか)で どれが 一番(いちばん) いいですか。

韓国(かんこく)の 中(なか)で どこが 一番(いちばん) 有名(ゆうめい)ですか。

スポーツの 中(なか)で 何(なに)が 一番(いちばん) 好(す)きですか。

연습문제

보기 一週間(いっしゅうかん)・いつ・楽(たの)しい

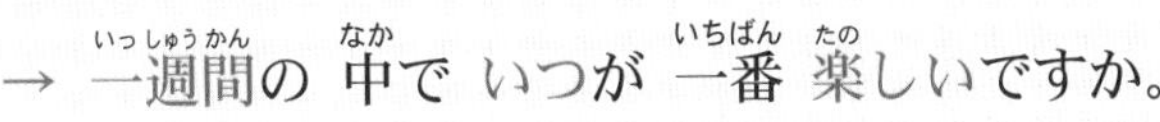
→ 一週間(いっしゅうかん)の 中(なか)で いつが 一番(いちばん) 楽(たの)しいですか。

1 歌手(かしゅ)・誰(だれ)・かっこいい

→ ______________________________

2 ソウル・どこ・にぎやかだ

→ ______________________________

단어

一番(いちばん) 제일, 가장 | 一週間(いっしゅうかん) 일주일 | 誰(だれ) 누구 | かっこいい 멋지다(원래는 格好(かっこう)いい지만, 최근에는 かっこいい로 변형되어 쓰이고 있음)

やってみよう 가로세로 퀴즈

가로세로 퀴즈

① 가로 열쇠는 왼쪽에서 오른쪽으로 넣기. 세로 열쇠는 위에서 아래로 넣기
② 각 칸에 한 글자씩 넣기. ゃ, ゅ, ょ도 각 칸에 넣기

가로 열쇠

1 A：誕生日(たんじょうび) おめでとう。　　B：○○○○○。

2 A：トイレは ○○ですか。　　B：そこです。

3 果物(くだもの)の 中(なか)で りんごが ○○○○ 好(す)きです。

4 ぞうの 鼻(はな)は ○○○て 太(ふと)いです。

5 「おもしろい」の 反対(はんたい)の ことばは？

세로 열쇠

1 冬(ふゆ)は 寒(さむ)いです。夏(なつ)は？

4 私(わたし)の ○○○は 山田(やまだ)です。

6 とても 大切(たいせつ)な 人(ひと)です。

7 長(なが)くて、細(ほそ)くて、白(しろ)い、日本(にほん)の めん料理(りょうり)です。

8 丸(まる)くて、大(おお)きい 果物(くだもの)です。

1			6			
					7	
					2	
		3				
4						8
		5				

단어

反対(はんたい) 반대 | ことば 말, 단어 | 大切(たいせつ)だ 소중하다 | めん 면

はなしてみよう 말해 봅시다

1 당신이 가장 좋아하는 것에 대해서 이야기해 봅시다.

果物(くだもの)

A 私(わたし)は 果物(くだもの)の 中(なか)で すいかが 一番(いちばん) 好(す)きです。Bさんは？

B 私(わたし)は 果物(くだもの)の 中(なか)で りんごが 一番(いちばん) 好(す)きです。

1. スポーツ
2. 映画(えいが)
3. 食(た)べ物(もの)
4. 一週間(いっしゅうかん)

2 당신의 이상형에 대해서 주위 사람과 이야기해 봅시다.

보기

私(わたし)の 理想(りそう)の タイプは 優(やさ)しくて、話(はなし)が おもしろくて、絵(え)が 上手(じょうず)な 人(ひと)です。

당신의 이상형은?

優(やさ)しい	かっこいい	高(たか)い	低(ひく)い	親切(しんせつ)だ	きれいだ
上手(じょうず)だ	下手(へた)だ	大(おお)きい	小(ちい)さい	すてきだ	長(なが)い
短(みじか)い	いい	楽(たの)しい	おもしろい	静(しず)かだ	細(ほそ)い

食(た)べ物(もの) 음식, 먹을 것 | **理想(りそう)** 이상 | **タイプ** 타입 | **話(はなし)** 이야기 | **絵(え)** 그림

単語チェック
단어체크

알고 있는 단어들을 네모 안에 체크해 봅시다.

い형용사

- □ おもい(重い)
- □ かっこいい
- □ はやい(早い・速い)
- □ やさしい(優しい)
- □ ふとい(太い)
- □ まるい(丸い)
- □ つまらない
- □ ちかい(近い)

な형용사

- □ たいせつだ(大切だ)
- □ とくいだ(得意だ)
- □ じょうぶだ(丈夫だ)
- □ おなじだ(同じだ)

사람

- □ びじん(美人)
- □ だんせい(男性)
- □ じょせい(女性)
- □ ともだち(友達)

기타

- □ え(絵)
- □ あさ(朝)
- □ かお(顔)
- □ ぞう
- □ はな(鼻)
- □ なつ(夏)
- □ ふゆ(冬)
- □ ゆび(指)
- □ はなし(話)
- □ りそう(理想)
- □ いちばん(一番)
- □ たべもの(食べ物)
- □ でんしゃ(電車)
- □ はんたい(反対)
- □ しゅうかん(週間)
- □ としょかん(図書館)
- □ おちゃ(お茶)
- □ タイプ
- □ ピアノ

あいさつ

いってきます。

いってらっしゃい。

Lesson

07

毎日(まいにち) 学校(がっこう)に 行(い)きます

이 과에서는 일본어 동사의 유형(1류 동사, 2류 동사, 3류 동사)과 동사의 정중형, 부정형에 대해 학습한다.

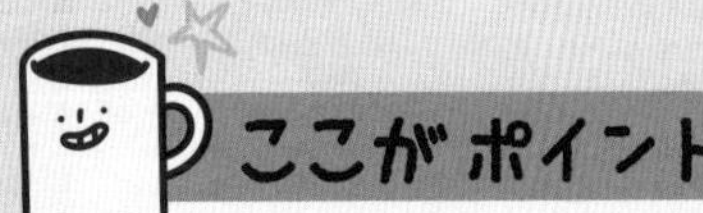

1. 1류 동사의 정중형
2. 2류 동사의 정중형
3. 3류 동사의 정중형
4. 일본어 동사의 시제적 의미(미래)와 시간부사
5. 동사 정중형의 부정형
6. 장소와 도구를 나타내는 조사「で」

❶ 단어와 해당 그림을 선으로 연결하시오.

• 行く(い)

• コーヒー

• 飲む(の)

❷ 다음의 표현을 잘 들어보세요. MP3 35

- 病院(びょういん)に 行(い)きます。 병원에 갑니다.
- 月曜日(げつようび)に 学校(がっこう)に 行(い)きます。 월요일에 학교에 갑니다.
- カフェで コーヒーを 飲(の)みます。 카페에서 커피를 마십니다.
- 明日(あした)は 学校(がっこう)に 行(い)きません。 내일은 학교에 가지 않습니다.

よんでみよう 읽어 봅시다

1 히로토의 일기

MP3 36

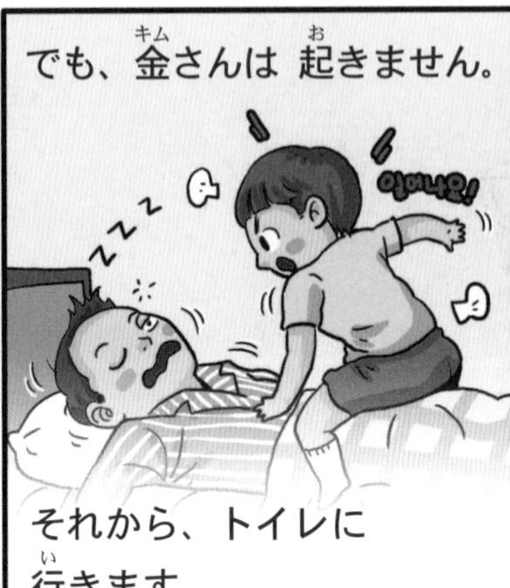

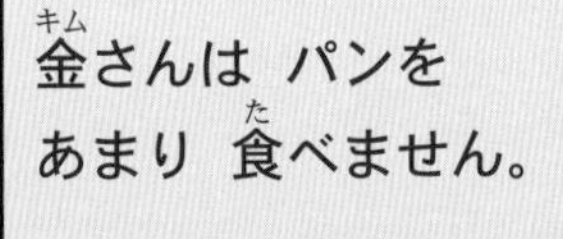

TIP 아침밥

최근에 일본인을 대상으로 한 설문조사에 따르면, 아침으로 빵을 먹는 「パン派(は)」가 전체 설문응답자의 65%를, 밥을 먹는「ご飯派(はんは)」가 35%를 차지하였다고 한다. 반대로 저녁은 「ご飯派(はんは)」가 다수였다고.

ダイアローグ 1 회화 1

ぼくは 毎朝(まいあさ) 7時(しちじ)に 起(お)きます。

でも、金(キム)さんは 起(お)きません。

それから、トイレに 行(い)きます。

お父(とう)さんは トイレで 新聞(しんぶん)を 読(よ)みます。

そして 朝(あさ)ご飯(はん)を 食(た)べます。

金(キム)さんは パンを あまり 食(た)べません。

それから 学校(がっこう)に 行(い)きます。

ぼくと 金(キム)さんは いつも 走(はし)ります。

毎朝(まいあさ) 매일 아침

でも 하지만

早く(はや) 빨리

いつも 항상, 언제나

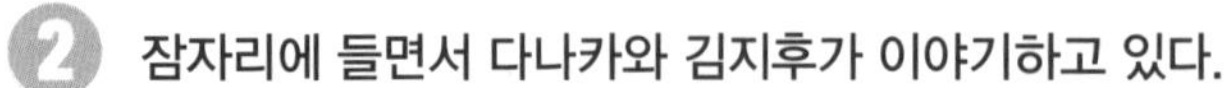

② 잠자리에 들면서 다나카와 김지후가 이야기하고 있다.

① みなさん、おやすみなさい～

② あれ、早(はや)いですね。金(キム)さん、もう 寝(ね)ますか。

③ はい。明日(あした)は 6時(ろくじ)に 起(お)きます。

④ アルバイトをします。

⑤ 何時(なんじ)から 何時(なんじ)まで 働(はたら)きますか。

불끈!

⑥ 朝(あさ) 7時(しちじ)から 夕方(ゆうがた) 5時(ごじ)までです。がんばります。

흠...

⑦ アルバイト代(だい)で 何(なに)を 買(か)いますか。

⑧ えーと、それは もちろん、日本語(にほんご)の 教科書(きょうかしょ)とか…。

TIP 아르바이트

일본에서 외국인 유학생이 아르바이트를 하는 대표적인 근무처는 음식점, 편의점, 교육기관(외국어 강사) 등의 순서라고 한다. 특히 편의점은 24시간 영업이므로 원하는 시간에 일할 수 있다는 점이 인기의 이유이다.

ダイアローグ2 회화2

金(キム) みなさん、おやすみなさい～。

父(ちち) あれ、早(はや)いですね。金(キム)さん、もう 寝(ね)ますか。

金(キム) はい。明日(あした)は 6時(ろくじ)に 起(お)きます。アルバイトをします。

父(ちち) 何時(なんじ)から 何時(なんじ)まで 働(はたら)きますか。

金(キム) 朝(あさ) 7時(しちじ)から 夕方(ゆうがた) 5時(ごじ)までです。がんばります。

父(ちち) アルバイト代(だい)で 何(なに)を 買(か)いますか。

金(キム) えーと、それは もちろん、日本語(にほんご)の 教科書(きょうかしょ)とか…。

みなさん 여러분

おやすみなさい 안녕히 주무세요

あれ 어?(놀라거나 궁금할 때 내는 소리)

もう 이미, 벌써

何時(なんじ) 몇 시

がんばる 힘내다. 분발하다

アルバイト代(だい) 아르바이트비

買(か)う 사다

もちろん 물론

教科書(きょうかしょ) 교과서

～とか ～라든가

文法チェック 문법 체크

1 1류 동사의 정중형

行(い)く[u] (기본형) → 行(い)~~く~~ → 行(い)き[i] + ます → 行(い)きます (정중형)

예문

行(い)く → 行(い)**きます**

飲(の)む → 飲(の)**みます**

走(はし)る → 走(はし)**ります**

연습문제

보기 笑(わら)う

→ 笑(わら)います

1 読(よ)む

→ ______________________

2 働(はたら)く

→ ______________________

走(はし)る 달리다 | 笑(わら)う 웃다 | 読(よ)む 읽다 | 働(はたら)く 일하다

2 2류 동사의 정중형

見(み)る (기본형) → 見~~る~~ → 見(み) + ます → 見(み)ます (정중형)
[i]

食(た)べる (기본형) → 食(た)べ~~る~~ → 食(た)べ + ます → 食(た)べます (정중형)
[e]

예문

見(み)る → 見(み)ます
食(た)べる → 食(た)べます
寝(ね)る → 寝(ね)ます

연습문제

보기 着(き)る
→ 着(き)ます

1 出(で)る
→ ____________________

2 借(か)りる
→ ____________________

단어

見(み)る 보다 | 食(た)べる 먹다 | 寝(ね)る 자다 | 出(で)る 나가다 | 着(き)る 입다 | 借(か)りる 빌리다

3 3류 동사의 정중형

する (기본형) → する̸ → す̸ → し + ます → します (정중형)

くる (기본형) → くる̸ → く̸ → き + ます → きます (정중형)

예문

する → します

来(く)る → 来(き)ます

勉強(べんきょう)する → 勉強(べんきょう)します

연습문제

보기 散歩(さんぽ)する

→ 散歩(さんぽ)します

1 友達(ともだち)が 来(く)る

→ ______________________

2 運動(うんどう)する

→ ______________________

단어

する 하다 | **来(く)る** 오다 | **散歩(さんぽ)する** 산책하다 | **運動(うんどう)する** 운동하다

4 일본어 동사의 시제적 의미(미래)와 시간부사

• 미래시간부사 + 동사기본형・정중형 = 미래의 의미(동작) 〈기본형・정중형이 미래형을 대신〉

• 시각, 요일, 날짜, 연도, 계절명을 나타내는 명사 +「に」(단, 今日(きょう), 昨日(きのう), 明日(あした), 毎朝(まいあさ), 今朝(けさ) 등 +「は」)

예문 今日(きょう) 韓国(かんこく)に 行(い)きます。

夕方(ゆうがた) 家(いえ)に 帰(かえ)ります。

土曜日(どようび)に アルバイトを します。

연습문제

보기 今日(きょう)・イギリス・帰(かえ)る

→ 今日(きょう) イギリスに 帰(かえ)ります。

1 毎日(まいにち)・牛乳(ぎゅうにゅう)・飲(の)む

→ ______________________

2 9時(くじ)・友達(ともだち)・来(く)る

→ ______________________

夕方(ゆうがた) 저녁 | 帰(かえ)る 돌아가다 | ～に ～에 | アルバイト 아르바이트 | イギリス 영국

5 동사 정중형의 부정형

見ます → 見ません (동사의 ます형 + ません)

예문 明日は 学校に 行きません。

山田さんは 朝ご飯を 食べません。

母は エレベーターを 使いません。

연습문제

보기 日曜日・アルバイト・する

→ 日曜日は アルバイトを しません。

1 父・映画・見る

→ ______________________________

2 今日・薬・飲む

→ ______________________________

단어

エレベーター 엘리베이터 | 使う 사용하다

6 장소와 도구를 나타내는 조사「で」

예문 家(いえ)で 新聞(しんぶん)を 読(よ)みます。

カメラで 写真(しゃしん)を 撮(と)ります。

コップで 水(みず)を 飲(の)みます。

연습문제

보기 バス・銀行(ぎんこう)・行(い)く

→ バスで 銀行(ぎんこう)に 行(い)きます。

1 食堂(しょくどう)・ご飯(はん)・食(た)べる

→ ______________________

2 外(そと)・たばこ・吸(す)う

→ ______________________

단어

新聞(しんぶん) 신문 | 撮(と)る 찍다 | 食堂(しょくどう) 식당 | たばこ 담배 | 吸(す)う 피우다

やってみよう 묻고 답하기 / 건강 체크 게임

1 그림을 보고 빈칸에 알맞은 표현을 히라가나로 써 봅시다.

1

今日(きょう)は サッカーを しますか。

いいえ、し＿＿＿＿。

2

明日(あした)は 電車(でんしゃ)＿＿＿＿ 会社(かいしゃ)へ 行(い)きますか。

いいえ、バス＿＿＿＿ 行(い)きます。

2 두 사람이 짝이 되어 건강 체크 게임을 해 봅시다.

보기

A ＿＿B＿＿さんは ご飯を よく 食べますか。

B ⟨ はい。ご飯を よく 食べます。
　 いいえ。ご飯を あまり 食べません。

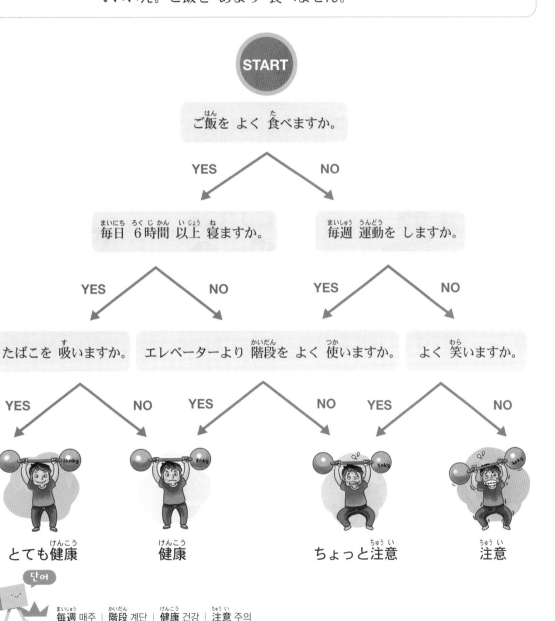

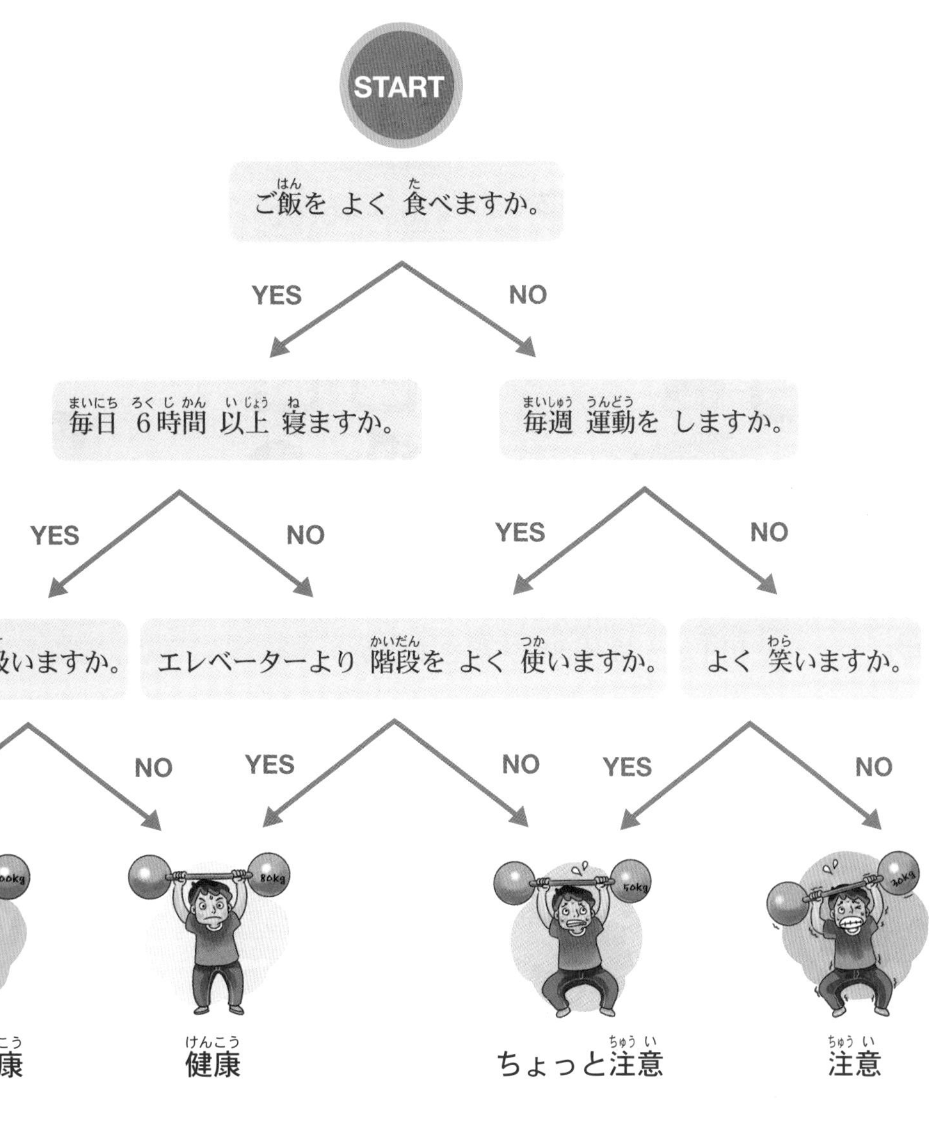

START
ご飯を よく 食べますか。
YES
NO
毎日 6時間 以上 寝ますか。
毎週 運動を しますか。
YES
NO
YES
NO
たばこを 吸いますか。
エレベーターより 階段を よく 使いますか。
よく 笑いますか。
YES
NO
YES
NO
YES
NO
100kg
80kg
50kg
30kg
とても健康
健康
ちょっと注意
注意

단어

毎週 매주 | 階段 계단 | 健康 건강 | 注意 주의

はなしてみよう 말해 봅시다

다나카 씨의 하루에 대해서 두 사람이 짝이 되어 이야기해 봅시다.

MP3 38

AM 7:00
起(お)きる

8:00
会社(かいしゃ)に 行(い)く

2 9:00〜5:00
会社(かいしゃ)で 働(はたら)く

3 
PM 7:00
夜(よる)ご飯(はん)を 食(た)べる

4 9:00〜10:00
テレビを 見(み)る

5 11:00
寝(ね)る

A 田中(たなか)さんは 何時(なんじ)に 起(お)きますか。

B 田中(たなか)さんは 7時(しちじ)に 起(お)きます。

자신의 하루에 대해서 이야기해 봅시다.

私(わたし)は ________ 時(じ)に 起(お)きます。そして、________________________________

____

夜(よる)ご飯(はん) 저녁밥 | テレビ 텔레비전

単語チェック
단어체크

알고 있는 단어들을 네모 안에 체크해 봅시다.

1류동사

- □ いく(行く)
- □ かう(買う)
- □ すう(吸う)
- □ とる(撮る)
- □ のむ(飲む)
- □ よむ(読む)
- □ かえる(帰る)
- □ つかう(使う)
- □ はしる(走る)
- □ わらう(笑う)
- □ がんばる
- □ はたらく(働く)

2류동사

- □ きる(着る)
- □ でる(出る)
- □ ねる(寝る)
- □ みる(見る)
- □ おきる(起きる)
- □ かりる(借りる)
- □ たべる(食べる)

3류동사

- □ くる(来る)
- □ する
- □ うんどうする(運動する)
- □ さんぽする(散歩する)

기타

- □ ～だい(～代)
- □ あした(明日)
- □ たばこ
- □ かいだん(階段)
- □ けんこう(健康)
- □ しんぶん(新聞)
- □ ちゅうい(注意)
- □ まいしゅう(毎週)
- □ よるごはん(夜ご飯)
- □ アルバイト
- □ エレベーター

おやすみなさい。

Lesson

08

映画を 見に 行きませんか

이 과에서는 동사를 활용한 권유 청유표현과 목적, 이유를 나타내는 표현에 대해 학습한다.

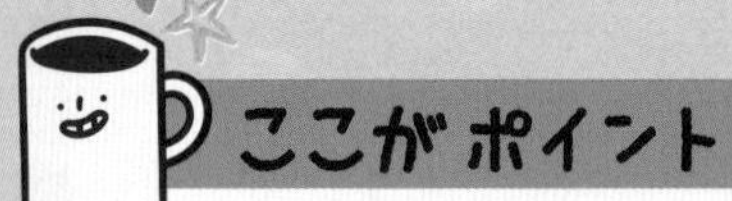

1 권유・청유를 나타내는 정중표현 I 「～ませんか」(~않겠습니까?)

2 권유・청유를 나타내는 정중표현 II 「～ましょう」(~합시다)

3 권유・청유를 나타내는 정중표현 III 「～ましょうか」(~할까요?)

4 「동사의 ます형+に＋行く / 来る」(~하러 가다/오다)

5 이유를 나타내는 표현 I 접속조사 「～から」(~이니까, ~이므로)

6 이유를 나타내는 표현 II 「～て(で)」(~해서)

❶ 단어와 해당 그림을 선으로 연결하시오.

 • • 花火大会

 • • お弁当

 • • 手伝う

❷ 다음의 표현을 잘 들어보세요.

- 花火大会に 行きませんか。 불꽃놀이 축제에 가지 않겠습니까?
- お弁当を 食べましょう。 도시락을 먹읍시다.
- 私が 手伝いましょうか。 제가 도와줄까요?
- 映画を 見に 行きます。 영화를 보러 갑니다.

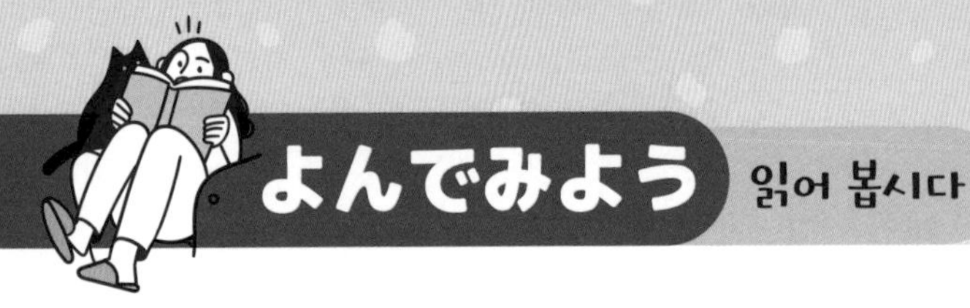

よんでみよう 읽어 봅시다

1 히로토가 김지후에게 공부를 봐달라고 하고 있다. MP3 40

① 金(キム)さん

팔랑~

② 一緒(いっしょ)に 勉強(べんきょう)を しませんか。

드르륵…

③ 一緒(いっしょ)に？ いいですよ。

④ 宿題(しゅくだい)が 難(むずか)しくて、全然(ぜんぜん) 分(わ)かりません。

⑤ 手伝(てつだ)いましょうか。

와!

⑥ 本当(ほんとう)ですか!? ありがとうございます。金(キム)さん!!

끄~응

⑦ ひろとくん、これ…。

⑧ ありがとうございます。金(キム)さん、野球(やきゅう)を しに 行(い)きましょう！

TIP ～さん

일본에서는 이름을 부를 때 「성+さん」으로 부르는 것이 일반적인데 이는 외국인의 경우에도 동일하다. 따라서 김지후를 「キムさん」으로 부른 것. 단, 친구 사이라면 「ジフ」나 「ジフくん」과 같이 이름으로 부르기도 한다.

ダイアローグ 1 회화 1

ひろと 金(キム)さん、一緒(いっしょ)に 勉強(べんきょう)を しませんか。

金(キム) 一緒(いっしょ)に？ いいですよ。

ひろと 宿題(しゅくだい)が 難(むずか)しくて、全然(ぜんぜん) 分(わ)かりません。

金(キム) 手伝(てつだ)いましょうか。

ひろと 本当(ほんとう)ですか !? ありがとうございます。金(キム)さん!!

(몇 분 후)

金(キム) ひろとくん、これ…。

ひろと ありがとうございます。
金(キム)さん、野球(やきゅう)を しに 行(い)きましょう！

全然(ぜんぜん) 전혀
本当(ほんとう) 정말

2 며칠 후 히로토가 김지후에게 다시 공부를 같이 하자고 한다.

MP3 41

TIP 숙제

일본의 거의 모든 초등학교는 매일 숙제가 있다. 내용은 학교에 따라 다르지만 한자 연습, 산수, 음독(교과서를 소리 내어 읽기)에 관한 숙제가 대부분이다.

ダイアローグ2 회화2

(며칠 후)

ひろと 金(キム)さーん、今日(きょう)も 一緒(いっしょ)に 勉強(べんきょう)しましょう。

金(キム) 今日(きょう)は 暑(あつ)いから、私(わたし)は 図書館(としょかん)で 勉強(べんきょう)しまーす。

ひろと じゃあ、一緒(いっしょ)に 行(い)きましょう。
一人(ひとり)より 一緒(いっしょ)の ほうが 楽(たの)しいですから!!

金(キム) えーと、でも、すごく 遠(とお)いですから…。

ひろと 大丈夫(だいじょうぶ) 大丈夫(だいじょうぶ)。行(い)きましょう。
今日(きょう)は 宿題(しゅくだい)が 多(おお)くて 大変(たいへん)ですよ～。

金(キム) ……。はい。

すごく 굉장히

遠(とお)い 멀다

大丈夫(だいじょうぶ)だ 괜찮다

文法チェック 문법 체크

1 권유·청유를 나타내는 정중표현 I ～ませんか ～않겠습니까?

する → します → しません＋か → しませんか

예문

花火大会(はなびたいかい)に 行(い)きませんか。

ラーメンを 食(た)べませんか。

図書館(としょかん)で 勉強(べんきょう)を しませんか。

연습문제

보기 ゲーム・する

→ ゲームを しませんか。

1 コーヒー・飲(の)む

→ ______________________

2 日本(にほん)の ドラマ・見(み)る

→ ______________________

ドラマ 드라마

2 권유·청유를 나타내는 정중표현 II ～ましょう ～합시다

する → します → しましょう

예문 コンサートに 行(い)きましょう。

お弁当(べんとう)を 食(た)べましょう。

運動(うんどう)を しましょう。

연습문제

보기 本(ほん)・読(よ)む

→ 本(ほん)を 読(よ)みましょう。

1 旅行(りょこう)・する

→ ______________________

2 遊園地(ゆうえんち)・遊(あそ)ぶ

→ ______________________

단어

コンサート 콘서트 | 遊園地(ゆうえんち) 유원지 | 遊(あそ)ぶ 놀다

3 권유·청유를 나타내는 정중표현 Ⅲ ～ましょうか ～할까요?

する → します → しましょう ＋ か → しましょうか

예문

私(わたし)が 手伝(てつだ)いましょうか。

コーヒーを 飲(の)みましょうか。

日曜日(にちようび)に 会(あ)いましょうか。

연습문제

보기 写真(しゃしん)・撮(と)る

→ 写真(しゃしん)を 撮(と)りましょうか。

1 かばん・持(も)つ

→ ____________________

2 映画(えいが)・見(み)る

→ ____________________

단어

会(あ)う 만나다 | 持(も)つ 들다, 가지다

4 동사의 ます형+に+行く/来る ~하러 가다/오다

・飲む	→ 飲み(ます형)	+に+行く / 来る	→ 飲みに 行く / 来る
・食べる	→ 食べ(ます형)		→ 食べに 行く / 来る
・勉強する	→ 勉強し(ます형)		→ 勉強しに 行く / 来る
	↘ 勉強(명사)		→ 勉強に 行く / 来る

예문 アイスクリームを 食べに 行きます。
友達が 遊びに 来ます。
買い物に 行きます。

연습문제

보기 泳ぐ
→ 泳ぎに 行きます。

1 友達に 会う

→ ____________________

2 食事

→ ____________________

단어
アイスクリーム 아이스크림 | **買い物** 장보기, 쇼핑 | **泳ぐ** 헤엄치다 | **~に 会う** ~를 만나다 | **食事** 식사

5 이유를 나타내는 표현 | 접속조사「～から」～이니까, ～이므로

	현재형		과거형	
명사	学生(がくせい)だから		学生(がくせい)だったから	
い형용사	おいしいから		おいしかったから	
な형용사	きれいだから		きれいだったから	
동사	食(た)べるから	*食(た)べているから (현재진행형)	*食(た)べたから (과거형)	*食(た)べていたから (과거진행형)

* 참고사항

예문

寒(さむ)いから 家(いえ)に 帰(かえ)ります。

遅(おく)れるから 早(はや)く 行(い)きましょう。

暇(ひま)だから 散歩(さんぽ)しましょうか。

연습문제

보기 安(やす)い・買(か)う

→ 安(やす)いから 買(か)います。

1 この 辞書(じしょ)は 便利(べんり)だ・よく 使(つか)う

→ ____________________

2 牛乳(ぎゅうにゅう)は 体(からだ)に いい・毎日(まいにち) 飲(の)む

→ ____________________

단어

遅(おく)れる 늦다 | 体(からだ) 몸

6 이유를 나타내는 표현 II ~て(で) ~해서

명사	学生(がくせい)で	な형용사	きれいで
い형용사	おいしくて	동사	*食(た)べて

* 참고사항

この 問題(もんだい)は 難(むずか)しくて 分(わ)かりません。

花火大会(はなびたいかい)は にぎやかで 好(す)きです。

今日(きょう)は 学校(がっこう)が 休(やす)みで つまらないです。

연습문제

보기 宿題(しゅくだい)が 多(おお)い・大変(たいへん)だ

→ 宿題(しゅくだい)が 多(おお)くて 大変(たいへん)です。

1 あの 店(みせ)は 親切(しんせつ)だ・いい

→ ____________________

2 テストの 勉強(べんきょう)・忙(いそが)しい

→ ____________________

問題(もんだい) 문제 | **分(わ)かる** 알다, 이해하다 | **宿題(しゅくだい)** 숙제 | **大変(たいへん)だ** 힘들다 | **忙(いそが)しい** 바쁘다

やってみよう 무엇을 하러 갈까요?

1 그림을 보고 무엇을 하러 가는지 써 봅시다.

보기

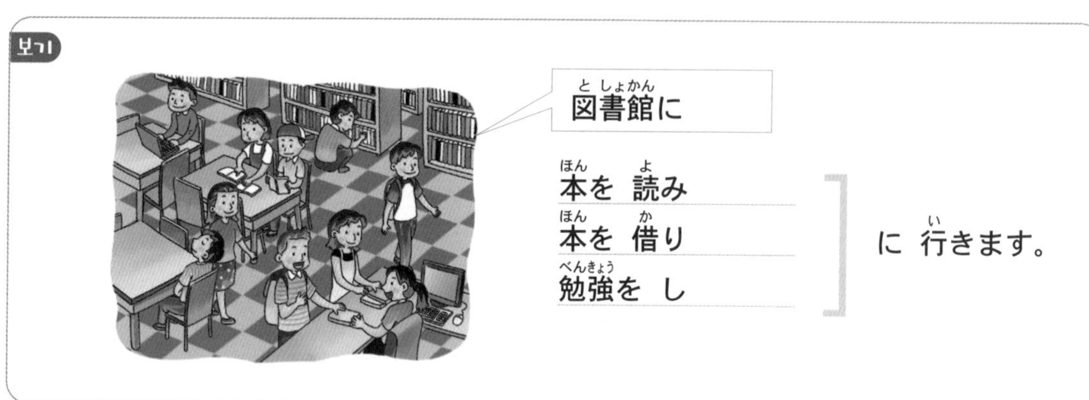

1

公園(こうえん)に

____

____

____

に 行(い)きます。

2

デパートに

____

____

____

に 行(い)きます。

 1번에서 쓴 내용을 참고로 보기와 같이 이야기해 봅시다.

A あれ、Bさん、どこに 行(い)きますか。

B 図書館(としょかん)です。

A 図書館(としょかん)に 本(ほん)を 借(か)りに 行(い)きますか。

B はい。本(ほん)を 借(か)りに 行(い)きます。/ いいえ。勉強(べんきょう)しに 行(い)きます。

3 빈칸에 알맞은 표현을 써 본 후, 해당하는 그림을 선으로 연결해 봅시다.

1

Ⓐ

A 一緒(いっしょ)に テニスを ______ませんか。

B いいですね。あそこで ______ましょう。

2

Ⓑ

A 一緒(いっしょ)に コーヒーを ______ませんか。

B いいですね。そこの 店(みせ)で ______ましょう。

はなしてみよう 말해 봅시다

두 사람이 짝이 되어 대화를 해 봅시다.

MP3 42

보기

映画(えいが)

場所(ばしょ)：新宿(しんじゅく)シネマ

時間(じかん)：３時(じ)

A　Bさん、明日(あした)、暇(ひま)ですか。

B　はい。どうしてですか。

A　一緒(いっしょ)に 映画(えいが)に 行(い)きませんか。

B　いいですね。どこで、何時(なんじ)からですか。

A　新宿(しんじゅく)シネマで ３時(さんじ)から です。

B　いいですよ。行(い)きましょう。

1

2

コンサート

場所(ばしょ)：ABCホール

時間(じかん)：午後(ごご)５時(じ)～８時(じ)

3

サッカーの試合(しあい)
場所(ばしょ)：横浜(よこはま)スタジアム
時間(じかん)：１時(じ)

단어

場所(ばしょ) 장소 | 時間(じかん) 시간 | どうして 왜, 어째서

単語チェック
단어체크

알고 있는 단어들을 네모 안에 체크해 봅시다.

1류동사

- □ あう(会う)
- □ もつ(持つ)
- □ およぐ(泳ぐ)
- □ あそぶ(遊ぶ)
- □ わかる(分かる)
- □ てつだう(手伝う)

2류동사

- □ おくれる(遅れる)

い형용사

- □ とおい(遠い)
- □ いそがしい(忙しい)

な형용사

- □ たいへんだ(大変だ)
- □ だいじょうぶだ(大丈夫だ)

기타

- □ ごご(午後)
- □ からだ(体)
- □ ばしょ(場所)
- □ かいもの(買い物)
- □ しょくじ(食事)
- □ ほんとう(本当)
- □ もんだい(問題)
- □ しゅくだい(宿題)
- □ ゆうえんち(遊園地)
- □ はなびたいかい(花火大会)
- □ ドラマ
- □ コンサート

사람 수 세기

ひとり

ふたり

さんにん

よにん

ごにん

ろくにん

しちにん/ななにん

はちにん

くにん/きゅうにん

じゅうにん

Lesson

09

韓国料理を　作りました

(かんこくりょうり / つく)

이 과에서는 동사 정중형의 과거형 및 과거부정형, 그리고 다양한 동사표현에 대해 학습한다.

1. 동사 정중형의 과거형
2. 동사 정중형의 과거부정형
3. 「동사의 ます형+ながら」(~하면서)
4. 「~が できる」(~을/를 할 수 있다, ~이/가 가능하다, ~을/를 잘한다)

はじめよう 시작해봅시다

❶ 단어와 해당 그림을 선으로 연결하시오.

• 作(つく)る

• 聞(き)く

• 運転(うんてん)

❷ 다음의 표현을 잘 들어보세요.  MP3 **43**

- **昨日(きのう) 韓国料理(かんこくりょうり)を 作(つく)り**ました。 어제 한국요리를 만들었습니다.
- **夏休(なつやす)みは 日本(にほん)に 帰(かえ)り**ませんでした。 여름 방학에는 일본에 돌아가지 않았습니다.
- **音楽(おんがく)を 聞(き)き**ながら **家(いえ)に 帰(かえ)ります。** 음악을 들으면서 집으로 돌아갑니다.
- **車(くるま)の 運転(うんてん)**が できます。 차 운전을 할 수 있습니다.

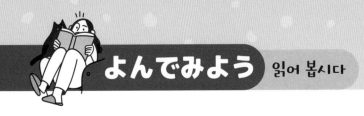

よんでみよう 읽어 봅시다

1 월요일 학교 교실에서 린과 김지후가 이야기를 하고 있다.

① リンさんは 週末(しゅうまつ) 何(なに)を しましたか。

② 車(くるま)で 京都(きょうと)に 行(い)きました。

③ リンさんが 運転(うんてん)しましたか。

④ いいえ、友達(ともだち)です。私(わたし)は 運転(うんてん)が できませんから。

⑤ 京都(きょうと)で いろいろな 料理(りょうり)を 食(た)べました。おいしかったです。

⑥ お寺(てら)は 観光(かんこう)しましたか。

⑦ いいえ。お寺(てら)は 行(い)きませんでした。

⑧ それから、この 店(みせ)で おそばも 食(た)べました。

⑨ あはは、いろいろ 食(た)べましたねー。

⑩ はい。これ おみやげです。おいしいですよ。

Guide

팔랑~

TIP 일본 요리와 일식

일본에서 유래하여 '일상적으로 만들어 먹는 식사'로 정의되는 일본 요리(日本料理, にほんりょうり)는 일식(和食, わしょく)으로도 불린다. 하지만 일본 요리가 고급 요리라는 이미지가 있는 데 비해 일식은 고급 요리와 가정식을 두루 아우르는 일본의 식문화 전반을 가리킨다는 점에서 차이가 있다.

ダイアローグ 1 회화 1

金(キム) リンさんは 週末(しゅうまつ) 何(なに)を しましたか。

リン 車(くるま)で 京都(きょうと)に 行(い)きました。

金(キム) リンさんが 運転(うんてん)しましたか。

リン いいえ、友達(ともだち)です。私(わたし)は 運転(うんてん)が できませんから。
京都(きょうと)で いろいろな 料理(りょうり)を 食(た)べました。
おいしかったです。

金(キム) お寺(てら)は 観光(かんこう)しましたか。

リン いいえ。お寺(てら)は 行(い)きませんでした。
それから、この 店(みせ)で おそばも 食(た)べました。

金(キム) あはは、いろいろ 食(た)べましたねー。

リン はい。これ おみやげです。おいしいですよ。

お寺(てら) 절

観光(かんこう) 관광

おそば 메밀국수

2 히로토의 일기

MP3 45

훌쩍...
?
?
ぼくの お母さんは ドラマを
見ながら 泣きます。

!
헛둘!
헛둘!
お父さんは… 運動を しながら
ビールを 飲みます。

金さんは… 勉強しながら お菓子を
食べます。
!
아삭...

쿵짝쿵
Z Z Z
そして、音楽を 聞きながら 寝ます。

TIP 맥주가 꼭 필요한 날씨

일본의 여름은 습기가 많아 무덥다. 따라서 집으로 돌아와 샤워를 빨리 마치고 시원한 맥주 한잔하는 것을 낙으로 삼는 아버지들도 많다. 대표적인 맥주 안주로는 「청태콩(枝豆)」「닭꼬치(焼き鳥)」「닭튀김(唐揚げ)」을 들 수 있다.

ダイアローグ2 회화 2

ぼくの お母(かあ)さんは ドラマを 見(み)ながら 泣(な)きます。

お父(とう)さんは… 運動(うんどう)を しながら ビールを 飲(の)みます。

金(キム)さんは… 勉強(べんきょう)しながら お菓子(かし)を 食(た)べます。

そして、音楽(おんがく)を 聞(き)きながら 寝(ね)ます。

泣(な)く 울다

ビール 맥주

文法チェック 문법 체크

1 동사 정중형의 과거형

～ます → ～ました

예문

昨日(きのう) 韓国料理(かんこくりょうり)を **作(つく)りました**。

今日(きょう) 手紙(てがみ)を **出(だ)しました**。

週末(しゅうまつ) 友達(ともだち)が 家(いえ)に **来(き)ました**。

연습문제

보기 昨日(きのう)・日本語(にほんご)を 教(おし)える

→ 昨日(きのう) 日本語(にほんご)を 教(おし)えました。

1 今朝(けさ)・新聞(しんぶん)を 読(よ)む

→ ______________________________

2 おととい・雨(あめ)が 降(ふ)る

→ ______________________________

단어

手紙(てがみ) 편지 | **出(だ)す** 부치다 | **週末(しゅうまつ)** 주말 | **教(おし)える** 가르치다 | **今朝(けさ)** 오늘 아침 | **降(ふ)る** 내리다

2 동사 정중형의 과거부정형

~ます → ~ません＋です → ~ませんです → ~ませんでした

예문 夏休みは 日本に **帰りませんでした**。

英語の テストは **受けませんでした**。

昨日は 会議を **しませんでした**。

연습문제

보기 昨日の 夜・薬を 飲む

→ 昨日の 夜は 薬を 飲みませんでした。

1 先月・友達に 会う

→ ______________________________

2 今日・洗濯を する

→ ______________________________

단어

夏休み 여름방학, 여름휴가 | **テストを 受ける** 시험을 보다 | **会議** 회의 | **薬を 飲む** 약을 먹다 |
先月 지난달 | **洗濯** 세탁, 빨래

3 동사의 ます형＋ながら ~하면서

・飲む → 飲み ┐ ＋ながら → 飲みながら
・食べる → 食べ ┤ → 食べながら
・する → し ┘ → しながら

예문 音楽を 聞きながら 家に 帰ります。

テレビを 見ながら お茶を 飲みます。

電話を しながら 掃除を します。

연습문제

보기 歌を 歌う・料理を する

→ 歌を 歌いながら 料理を します。

1 ゲームを する・お菓子を 食べる

→ ____________________

2 ノートを 見る・漢字を 覚える

→ ____________________

단어

聞く 듣다 | 電話 전화 | 掃除 청소 | 歌 노래 | 歌う 노래부르다 | ノート 노트 | 漢字 한자 | 覚える 외우다

4 ～が できる ～을/를 할 수 있다, ～이/가 가능하다, ～을/를 잘한다

• 명사 + を する → 명사 + が できる(단, 회화체의 경우 조사 「が」는 생략 가능)

예문 車(くるま)の 運転(うんてん)が できます。

パソコンの 修理(しゅうり)が できます。

田中(たなか)さんは とても 勉強(べんきょう)が できます。

연습문제

보기 バスケットボール

→ バスケットボールが できます。

1 水泳(すいえい)

→ ______________________

2 仕事(しごと)

→ ______________________

단어

パソコン 컴퓨터 | 修理(しゅうり) 수리 | バスケットボール 농구 | 水泳(すいえい) 수영

やってみよう 무엇을 할 수 있나요?

아래의 보기와 같이 자신이 할 수 있는지를 기호로 표시해 봅시다.

◎ 잘할 수 있다 ○ 할 수 있다 △ 조금 할 수 있다 × 못한다

보기

バスケットボール

◎

1

運転(うんてん)

2

英語(えいご)

3

パソコンの修理(しゅうり)

4

料理(りょうり)

5

水泳(すいえい)

위에서 쓴 내용을 참고로 자유롭게 이야기해 봅시다.

보기

A Bさんは バスケットボールが できますか。

B はい、できます。得意(とくい)です。Aさんは？

A 私(わたし)は ちょっと できますが、あまり 上手(じょうず)じゃ ありません。

3 당신이 잘 하는 일은 무엇입니까? B에서 골라 문장을 완성해 봅시다.

보기

A ご飯(はん)を 食(た)べます

B 話(はな)を します
お酒(さけ)を 飲(の)みます
テレビを 見(み)ます

→ わたしは ご飯(はん)を 食(た)べながら、テレビを 見(み)ます。

1

A 友達(ともだち)を 待(ま)ちます

B 本(ほん)を 読(よ)みます
コーヒーを 飲(の)みます
携帯電話(けいたいでんわ)を 見(み)ます

→ ＿＿＿＿＿＿＿＿ながら、＿＿＿＿＿＿＿＿＿＿＿＿。

2

A 散歩(さんぽ)をします

B 写真(しゃしん)を 撮(と)ります
景色(けしき)を 見(み)ます
音楽(おんがく)を 聞(き)きます

→ ＿＿＿＿＿＿＿＿ながら、＿＿＿＿＿＿＿＿＿＿＿＿。

はなしてみよう 말해 봅시다

1 당신이 어제 했던 일에 대해서 이야기해 봅시다.

1. 昨日(きのう)、テレビを 見(み)ましたか。
2. 昨日(きのう)、本(ほん)を 読(よ)みましたか。
3. 昨日(きのう)、勉強(べんきょう)を しましたか。
4. 昨日(きのう)、友達(ともだち)に 会(あ)いましたか。
5. 昨日(きのう)、誰(だれ)かと 電話(でんわ)で 話(はな)しましたか。
6. 昨日(きのう)、何(なに)を しましたか。

2 사쿠라 씨의 어제 있었던 일에 대해서 이야기해 봅시다.

MP3 **46**

カフェ　　学校(がっこう)　　図書館(としょかん)

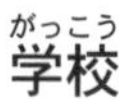

家(いえ)　　郵便局(ゆうびんきょく)

さくらさんは 昨日(きのう)＿＿＿＿＿＿＿＿＿＿＿＿＿＿＿＿。

話(はな)す 이야기하다, 말하다 | **カフェ** 카페

単語チェック
단어체크

알고 있는 단어들을 네모 안에 체크해 봅시다.

1류 동사

- □ きく(聞く)
- □ だす(出す)
- □ なく(泣く)
- □ ふる(降る)
- □ うたう(歌う)
- □ かよう(通う)
- □ つくる(作る)
- □ はなす(話す)

2류 동사

- □ おしえる(教える)
- □ おぼえる(覚える)
- □ うける(受ける)

때를 나타내는 말

- □ けさ(今朝)
- □ せんげつ(先月)
- □ しゅうまつ(週末)
- □ なつやすみ(夏休み)

기타

- □ おそば
- □ おてら(お寺)
- □ そうじ(掃除)
- □ てがみ(手紙)
- □ でんわ(電話)
- □ いろいろ
- □ うんてん(運転)
- □ かんこう(観光)
- □ しゅうり(修理)
- □ せんたく(洗濯)
- □ うた(歌)
- □ かいぎ(会議)
- □ かんじ(漢字)
- □ すいえい(水泳)
- □ ノート
- □ ビール
- □ パソコン
- □ バスケットボール

Lesson

10

教室(きょうしつ)に 机(つくえ)が あります

이 과에서는 일본어의 존재동사인 ある와 いる,
그리고 구체적인 장소를 나타내는 표현, 희망표현 등에 대해 학습한다.

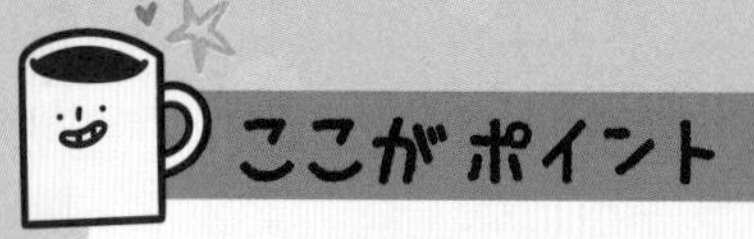

1. 존재동사 「ある／いる」(있다)
2. 위치표현
3. 존재 유무를 묻는 의문표현
4. 「동사의 ます형+たいです」(~하고 싶습니다)

❶ 단어와 해당 그림을 선으로 연결하시오.

- 机(つくえ)
- 猫(ねこ)
- 箱(はこ)

❷ 다음의 표현을 잘 들어보세요. MP3 47

- 教室(きょうしつ)に 机(つくえ)が あります。 교실에 책상이 있습니다.
- ドアの 横(よこ)に 猫(ねこ)が います。 문 옆에 고양이가 있습니다.
- A: 箱(はこ)の 中(なか)に 何(なに)か ありますか。 상자 안에 무언가 있습니까?

  B: いいえ、何(なに)も ありません。 아니요, 아무것도 없습니다.
- 九州(きゅうしゅう)に 行(い)きたいです。 규슈에 가고 싶습니다.

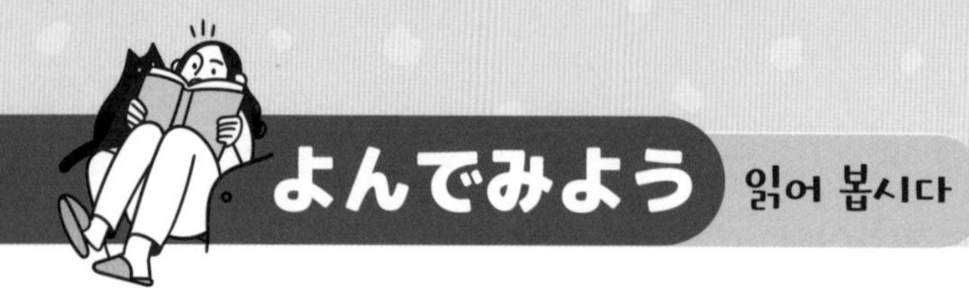

よんでみよう 읽어 봅시다

1 김지후와 다나카 부인, 히로토가 편의점에 왔다. MP3 48

① ノート、ノート…

② ノートが ありませんね。

③ 店員さんに 聞きましょう。店員さんは どこに いますか。

④ あ、あそこです。

⑤ すみません、ノートは どこに ありますか。

⑥ その 棚の ボールペンの 横です。

⑦ ありがとう ございます !!

TIP 편의점 1

일본의 3대 편의점 브랜드는 「セブンイレブン」「ローソン」「ファミリーマート」이고, 이들은 전체 편의점의 90% 이상을 차지한다. 각기 특색 있는 도시락과 단것, 과자 등을 내놓고 있으므로 비교해가면서 먹는 재미가 쏠쏠하다.

ダイアローグ 1 회화1

金(キム) ノート、ノート…ノートが ありませんね。

母(はは) 店員(てんいん)さんに 聞(き)きましょう。

店員(てんいん)さんは どこに いますか。

金(キム) あ、あそこです。

すみません、ノートは どこに ありますか。

店員(てんいん) その 棚(たな)の ボールペンの 横(よこ)です。

金(キム) ありがとうございます !!

すみません 여기요~(점원을 부를 때)

棚(たな) 선반

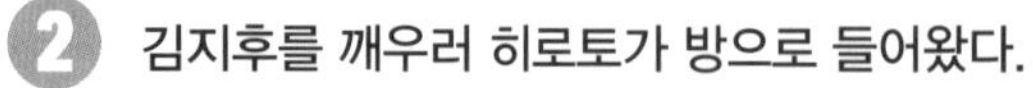

① 金(キム)さーん。

② ぼく、飲(の)み物(もの)を買(か)いに行(い)きたいです。

③ 一緒(いっしょ)に行(い)きましょう。

④ うーん…私(わたし)は行(い)きたく ないです。

⑤ じゃあ、ぼく、一人(ひとり)でコンビニに行(い)きます。

⑥ コンビニ!?

⑦ 行(い)きます 行(い)きます。私(わたし)も 飲(の)み物(もの)が買(か)いたいです!!

TIP 편의점2

최근 들어 일본의 많은 편의점에 イートインスペース(eat in space)가 설치되고 있다. 뜨거운 물과 전자레인지를 손님이 자유롭게 사용할 수 있는 편의점이라도 대개의 경우 점원이 「温(あたた)めますか？」라고 물어보므로 원할 경우「お願(ねが)いします」라고 답하면 된다.

ダイアローグ2 회화 2

ヒロト 金(キム)さーん。ぼく、飲(の)み物(もの)を 買(か)いに 行(い)きたいです。一緒(いっしょ)に 行(い)きましょう。

金(キム) うーん…私(わたし)は 行(い)きたく ないです。

ヒロト じゃあ、ぼく、一人(ひとり)で コンビニに 行(い)きます。

金(キム) コンビニ !? 行(い)きます 行(い)きます。私(わたし)も 飲(の)み物(もの)が 買(か)いたいです !!

飲(の)み物(もの) 음료수

一人(ひとり)で 혼자서

文法チェック 문법 체크

1 존재동사「ある / いる」 있다

ある(사물·식물의 경우) 와 いる(사람·동물의 경우) 는 존재동사로 앞에 조사「に」와 함께 사용된다.

예문 教室(きょうしつ)に 机(つくえ)が ありますす。
公園(こうえん)に 男(おとこ)の子(こ)が います。

연습문제

보기 あそこ・女(おんな)の子(こ)

→ あそこに 女(おんな)の子(こ)が います。

1 冷蔵庫(れいぞうこ)・ジュース

→ ______________________

2 コンビニ・山田(やまだ)さん

→ ______________________

단어

公園(こうえん) 공원 | 男(おとこ)の子(こ) 남자 아이 | 女(おんな)の子(こ) 여자 아이 | 冷蔵庫(れいぞうこ) 냉장고 | ジュース 주스 | コンビニ 편의점

2 위치표현

장소명사를 더욱 구체적으로 나타내기 위한 표현으로는 장소명사 + の + 방향명사 + にいる / ある가 있다. (예 ~の 上(うえ)に ~위에, ~の 下(した)に ~아래에)

上(うえ)	下(した)	中(なか)	外(そと)	前(まえ)	後(うし)ろ	横(よこ)
위	아래	안, 속	밖	앞	뒤	옆

예문 テーブルの 上(うえ)に 花(はな)が あります。
ドアの 横(よこ)に 猫(ねこ)が います。

연습문제

보기 かばん・財布(さいふ)
→ かばんの 中(なか)に 財布(さいふ)が あります。

1 銀行(ぎんこう)・レストラン
→ ____________________

2 机(つくえ)・犬(いぬ)
→ ____________________

단어
テーブル 테이블 | 上(うえ) 위 | 花(はな) 꽃 | 犬(いぬ) 개

3 존재 유무를 묻는 의문표현

- 사물의 경우 A : 何(なに)か ありますか。 뭔가 있습니까? B : 何(なに)も ありません。 아무것도 없습니다.
- 사람의 경우 A : 誰(だれ)か いますか。 누군가 있습니까? B : 誰(だれ)も いません。 아무도 없습니다.

예문

A : 箱(はこ)の 中(なか)に **何(なに)か ありますか**。
B : いいえ、**何(なに)も ありません**。

A : 教室(きょうしつ)に **誰(だれ)か いますか**。
B : はい、**山田(やまだ)さんが います**。

연습문제

보기 本棚(ほんだな)の 横(よこ)／いいえ
→ A : 本棚(ほんだな)の 横(よこ)に 何(なに)か ありますか。
B : いいえ、何(なに)も ありません。

❶ 冷蔵庫(れいぞうこ)の 上(うえ)／はい・のり
→ ______________________

❷ 台所(だいどころ)／いいえ
→ ______________________

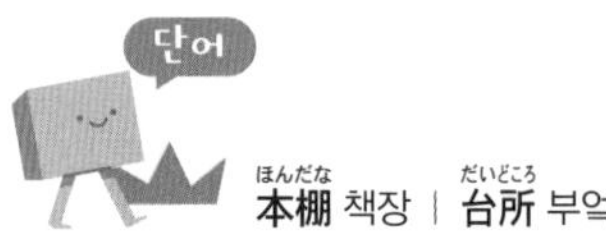

단어

本棚(ほんだな) 책장 | 台所(だいどころ) 부엌

4 동사의 ます형 + たいです ~하고 싶습니다

예문

飛行機(ひこうき)に **乗(の)りたいです**。

今晩(こんばん)は 肉(にく)が **食(た)べたいです**。

恋人(こいびと)と デートが **したいです**。

연습문제

보기 ゆっくり 寝(ね)る

→ ゆっくり 寝(ね)たいです。

1 九州(きゅうしゅう)・行(い)く

→ ______________________________

现在几点?

2 中国語(ちゅうごくご)・勉強(べんきょう)する

→ ______________________________

단어

飛行機(ひこうき) 비행기 | ~に 乗(の)る ~을 타다 | 今晩(こんばん) 오늘밤 | 肉(にく) 고기 | 恋人(こいびと) 연인, 애인 | デート 데이트 | ゆっくり 푹, 천천히 | 中国語(ちゅうごくご) 중국어

やってみよう 위치 말하기

 1 그림을 보고 무엇이 어디에 있는지 아래의 단어 순서에 따라 이야기해 봅시다.

A 時計(とけい)は どこに ありますか。

B 窓(まど)の 横(よこ)に あります。

단어 순서 1 猫(ねこ)　2 パソコン　3 花(はな)　4 子(こ)ども　5 バナナ

2 자신의 방을 그려보고 아래 어휘를 참고하여 옆 사람에게 설명해 봅시다.

- 私(わたし)の 部屋(へや)には ＿＿＿＿＿＿＿＿ が あります／います。
- ＿＿＿＿＿ の ＿＿＿＿＿ に ＿＿＿＿＿ が あります／います。

참고 어휘 机(つくえ)　いす　本棚(ほんだな)　テーブル　ソファー　ベッド　パソコン　ドア　窓(まど)　タンス　テレビ

いす 의자 | **ソファー** 소파 | **ベッド** 침대 | **窓(まど)** 창문 | **タンス** 장롱, 옷장 | **子(こ)ども** 아이, 어린이

はなしてみよう 말해 봅시다

1 자신에 대해서 이야기해 봅시다.

MP3 50

❶ 夏休み(なつやすみ)(冬休み(ふゆやすみ))に どこに 行(い)きたいですか。

❷ 今(いま)、何(なに)が 食(た)べたいですか。

❸ デートで 何(なに)が したいですか。

❹ どんな 映画(えいが)が 見(み)たいですか。

❺ 자유롭게 질문해 봅시다.

2 다음과 같이 말해 봅시다.

MP3 51

보기 学校(がっこう)に 行(い)きます/テストです

A ああ、今日(きょう)は 学校(がっこう)に 行(い)きたくないなあ。

B どうして？

A テストだから。

❶ 宿題(しゅくだい)を します/疲(つか)れました

❷ ご飯(はん)を 作(つく)ります/大変(たいへん)です

単語チェック
단어체크

알고 있는 단어들을 네모 안에 체크해 봅시다.

위치를 나타내는 말

- □ うえ(上)
- □ した(下)
- □ なか(中)

생물

- □ いぬ(犬)
- □ ねこ(猫)
- □ さかな(魚)
- □ ペット

사람

- □ こども(子ども)
- □ きょうだい(兄弟)
- □ こいびと(恋人)
- □ おとこのこ(男の子)
- □ おんなのこ(女の子)

1류 동사

- □ のる(乗る)

가구

- □ つくえ(机)
- □ れいぞうこ(冷蔵庫)
- □ ほんだな(本棚)
- □ いす
- □ ソファー
- □ テーブル
- □ ベッド
- □ タンス

기타

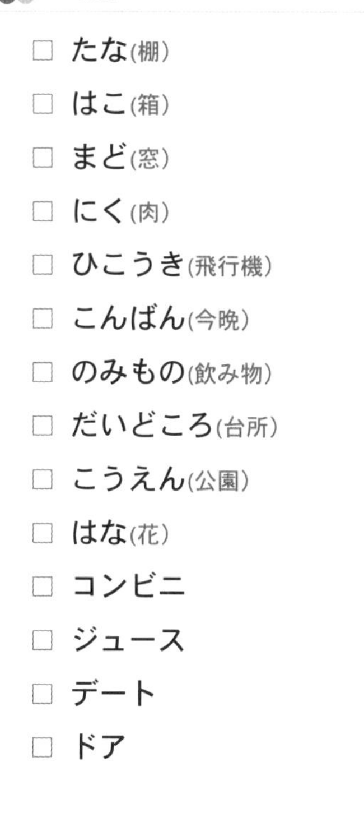

- □ たな(棚)
- □ はこ(箱)
- □ まど(窓)
- □ にく(肉)
- □ ひこうき(飛行機)
- □ こんばん(今晩)
- □ のみもの(飲み物)
- □ だいどころ(台所)
- □ こうえん(公園)
- □ はな(花)
- □ コンビニ
- □ ジュース
- □ デート
- □ ドア

모범답안

- はじめよう
- 연습문제
- やってみよう
- はなしてみよう

Lesson 01

私(わたし)は 学生(がくせい)です

はじめよう

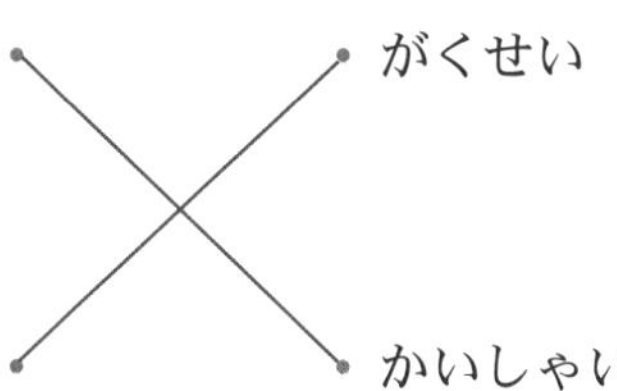

かんこくじん

がくせい

かいしゃいん

연습문제

1 ① 木村(きむら)さんは 医者(いしゃ)です。
② 先生(せんせい)は 日本人(にほんじん)です。

2 ① 李(イ)さんは 先生(せんせい)です。
② 彼(かれ)は 留学生(りゅうがくせい)です。

3 ① 先生(せんせい)は アメリカ人(じん)ですか。
② 彼女(かのじょ)は 韓国人(かんこくじん)ですか。

4 ① 田中(たなか)さんは 留学生(りゅうがくせい)では ありません。
② 彼(かれ)は 中国人(ちゅうごくじん)では ありません。

やってみよう

A ⑤　B ③　C ⑥　D ②

はなしてみよう

① A : はじめまして。スミスです。
B : スミスさんは イギリス人(じん)ですか。
A : いいえ、私(わたし)は イギリス人(じん)では ありません。アメリカ人(じん)です。

② A : はじめまして。加藤(かとう)です。
B : 加藤(かとう)さんは モデルですか。
A : いいえ、私(わたし)は モデルでは ありません。歌手(かしゅ)です。

③ A : はじめまして。朴(パク)です。
B : 朴(パク)さんは 野球選手(やきゅうせんしゅ)ですか。
A : いいえ、私(わたし)は 野球選手(やきゅうせんしゅ)では ありません。サッカー選手(せんしゅ)です。

Lesson 02

これは かばんです

はじめよう

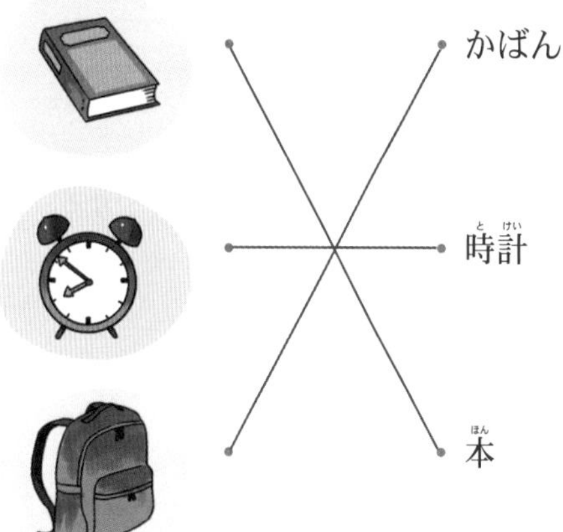

연습문제

1 ① それは 財布(さいふ)です。
② あれは かぎです。

2 ① あそこは デパートです。
② ここは 食堂(しょくどう)です。

3 ① その 薬(くすり)
② あの めがね

4 ① それは 日本語(にほんご)の 辞書(じしょ)です。
② 田中(たなか)さんは 音楽(おんがく)の 先生(せんせい)です。

5 ① この かぎは 李(イ)さんのです。
② その お菓子(かし)は 中村(なかむら)さんのです。

6 ① 学校は どこですか。

② 金さんの くつは どれですか。
どの くつが 金さんのですか。

やってみよう

① これは ジョンさんの 辞書です。
② あれは 誰の かさですか。
③ それは 山田さんの 時計です。
④ これは 誰の 薬ですか。
⑤ それは 私の ボールペンです。

はなしてみよう

1 ① A：すみません。大学病院は どこですか。
B：あそこですよ。
A：あの 建物ですか。
B：いいえ、ちがいます。その 横です。
A：ありがとうございます。

② A：すみません。郵便局は どこですか。
B：あそこですよ。
A：あの 建物ですか。
B：いいえ、ちがいます。その 横です。
A：ありがとうございます。

③ A：すみません。みなみアパートは どこですか。
B：あそこですよ。
A：あの 建物ですか。
B：いいえ、ちがいます。その 横です。
A：ありがとうございます。

2 ① A：これ どうぞ。
B：これは 何ですか。
A：誕生日の プレゼントです。
B：ありがとうございます。

② A：これ どうぞ。
B：これは 何ですか。
A：旅行の おみやげです。
B：ありがとうございます。

③ A：これ どうぞ。
B：これは 何ですか。
A：韓国の お菓子です。
B：ありがとうございます。

Lesson 03
この 料理は おいしいです

はじめよう

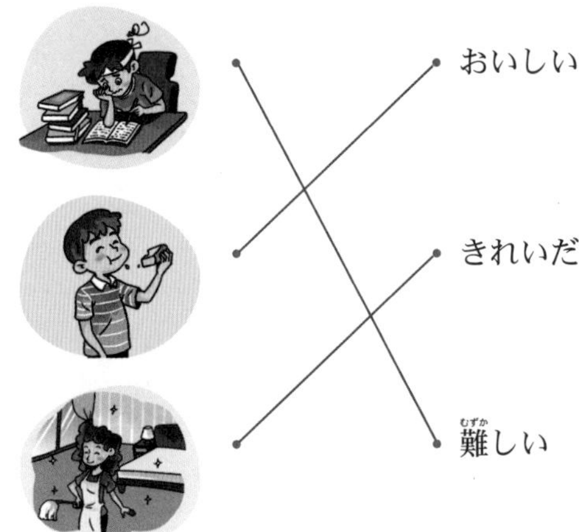

연습문제

1 ① 韓国の 映画は おもしろいです。
② この かばんは 安いです。

2 ① 私の かばんは 新しく ありません。
② 学生は 多く ありません。

3 ① 李さんは 静かです。
② その 歌手は 有名です。

4 ① 私の 部屋は きれいでは ありません。
② 山田さんは 親切では ありません。

5 ① 冷たい 水です。
② すてきな 家族です。

6 ① 車は 便利ですが、危ないです。
② その 映画は おもしろいですが、長いです。

やってみよう

1

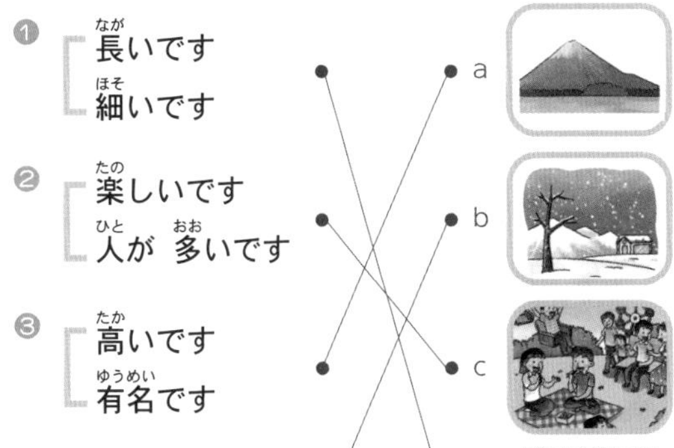

2 ❶ A：この 教室は <u>寒い</u>ですか。
B：いいえ、あまり <u>寒く ありません</u>。

❷ A：あの 歌手は <u>有名</u>ですか。
B：いいえ、あまり <u>有名では ありません</u>。

はなしてみよう

❶ あなたの 部屋は きれいですか。
→ はい、私の 部屋は きれいです。
→ いいえ、私の 部屋は きれいでは ありません(きれいでは ないです)。

❷ あなたの かばんは 新しいですか。
→ はい、私の かばんは 新しいです。
→ いいえ、私の かばんは 新しく ありません(新しく ないです)。

❸ 日本語の 勉強は 楽しいですか。
→ はい、日本語の 勉強は 楽しいです。
→ いいえ、日本語の 勉強は 楽しく ありません(楽しく ないです)。

Lesson 04
昨日は とても 暑かったです

はじめよう

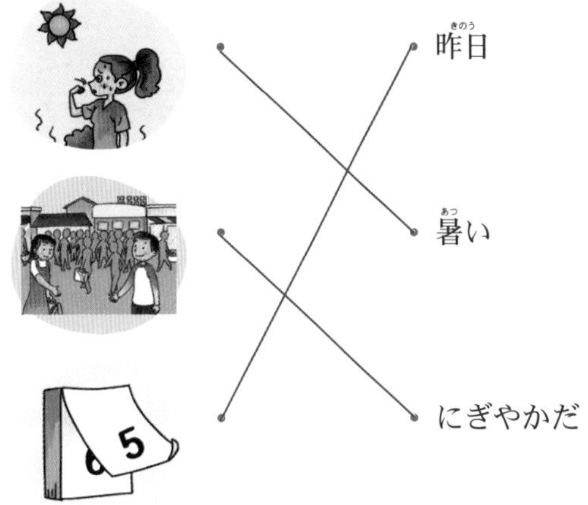

연습문제

1 ❶ 先週は 涼しかったです。
❷ 部屋は 明るかったです。

2 ❶ 学生は 多く ありませんでした。
❷ 家は 古く ありませんでした。

3 ❶ あの 歌手は 有名でした。
❷ 町は にぎやかでした。

4 ❶ 駅は きれいでは ありませんでした。
❷ 昨日は 暇では ありませんでした。

5 ❶ 病院は 休みでした。
❷ 父は 警察官でした。

6 ❶ そこは 郵便局では ありませんでした。
❷ 先週は 雨では ありませんでした。

やってみよう

1 ❶ 目は 大きかったですか。
→ いいえ、目は 大きく ありませんでした。
(なかったです。)

② 背は 高かったですか。
→ はい、背は 高かったです。

③ 靴は 黒かったですか。
→ いいえ、靴は 黒く ありませんでした。
(なかったです。)

2 ① 人は 多かったですか。
→ いいえ、人は 多く ありませんでした。
(なかったです。)

② 信号は 赤でしたか。
→ はい、信号は 赤でした。

③ 警察官は 男の人でしたか。
→ いいえ、 男の人では ありませんでした。女の人でした。

はなしてみよう

① 背が 高い／背が 低い
→ 10年前は 背が 低かったです。
10年前は 背が 高く ありませんでした。

② 会社員／高校生
→ 10年前は 高校生でした。
10年前は 会社員では ありませんでした。

③ 家が 高い／家が 安い
→ 10年前は 家が 安かったです。
10年前は 家が 高く ありませんでした。

④ 町が にぎやか／町が 静か
→ 10年前は 町が 静かでした。
10年前は 町が にぎやかでは ありませんでした。

Lesson 05
これは いくらですか

はじめよう

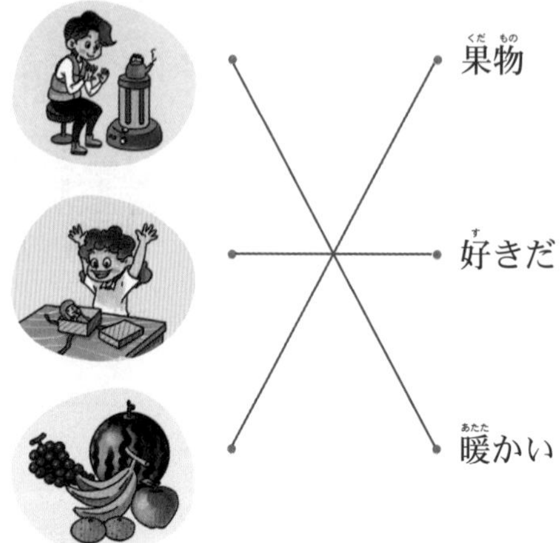

연습문제

1 ① りんごを 4つ ください。
② 牛乳を 1つ ください。

2 ① A：パンは いくらですか。
B：300円です。
② A：くつは いくらですか。
B：5600円です。

3 ① A：野球の 練習は いつですか。
B：８月３０日です。
② A：パーティーは いつですか。
B：１１月８日です。

4 ① 授業は ８時から ３時までです。
② この バスは 東京から 大阪までです。

5 ① 兄は 車が 好きです。
② 姉は すいかが 嫌いです。

6 ① 山田さんの カメラは 高いですが、私の カメラは 安いです。
② とんかつは 嫌いですが、この 店の とんかつは おいしいです。

やってみよう

1 ① 上の絵は りんごが 4つですが、下の絵は 3つです。

② 上の絵は カレンダーが 2月10日ですが、下の絵は 2月1日です。

③ 上の絵は めがねが 黒ですが、下の絵は 白です。

④ 上の絵は メロンが 900円ですが、下の絵は 700円です。

⑤ 上の絵は 時間が 12時ですが、下の絵は 10時です。

2 ① はっぴゃくきゅうじゅう

② せんろっぴゃく

はなしてみよう

① A：すみません、これ、いくらですか。
B：ひとつ 320円 です。
A：じゃあ 4つ ください。
B：はい、ありがとうございます。

② A：すみません、これ、いくらですか。
B：ひとつ 980円 です。
A：じゃあ 2つ ください。
B：はい、ありがとうございます。

③ A：すみません、これ、いくらですか。
B：ひとつ 70円 です。
A：じゃあ 6つ ください。
B：はい、ありがとうございます。

④ A：すみません、これ、いくらですか。
B：ひとつ 400円 です。
A：じゃあ 1つ ください。
B：はい、ありがとうございます。

Lesson 06
魚の ほうが 好きです

はじめよう

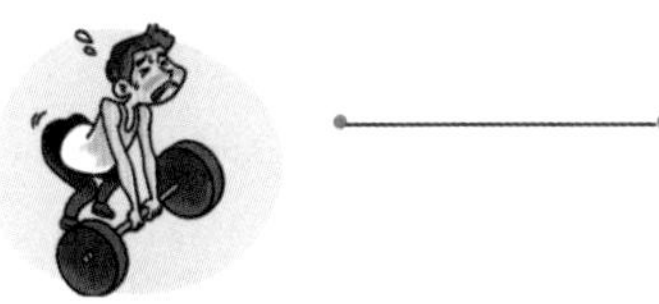

重い

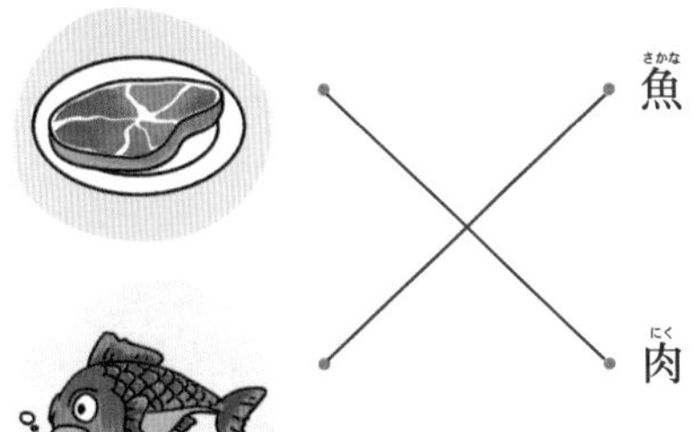

魚

肉

연습문제

1 ① 李さんは 男性で 警察官です。

② スミスさんは アメリカ人で 英語の 先生です。

2 ① 山田さんの 指は 細くて 長いです。

② 電車は 速くて 便利です。

3 ① ソウルは にぎやかで 人が 多いです。

② 山田さんは サッカーが 上手で 明るい人です。

4 ① 土曜日と 日曜日と どちらが 暇ですか。

② A図書館と B図書館と どちらが 広いですか。

5 ① B：バスより 電車の ほうが 便利です。

② B：ソウルより 東京の ほうが 大きいです。

6 ① 歌手の 中で 誰が 一番 かっこいいですか。

② ソウルの 中で どこが 一番 にぎやかですか。

やってみよう

1 あ	り	が	6 と	う		
つ			も		7 う	
い			だ		2 ど	こ
		3 い	ち	ば	ん	
4 な	が	く				8 す
ま		5 つ	ま	ら	な	い
え						か

はなしてみよう

1 ① A：私は スポーツの 中で 野球が 一番 好きです。Bさんは？
B：私は スポーツの 中で テニスが 一番 好きです。

② A：私は 映画の 中で 韓国映画が 一番 好きです。Bさんは？
B：私は 映画の 中で 日本映画が 一番 好きです。

③ A：私は 食べ物の 中で とんかつが 一番 好きです。Bさんは？
B：私は 食べ物の 中で ラーメンが 一番 好きです。

④ A：私は 一週間の 中で 金曜日が 一番 好きです。Bさんは？
B：私は 一週間の 中で 土曜日が 一番 好きです。

Lesson 07
毎日 学校に 行きます

はじめよう

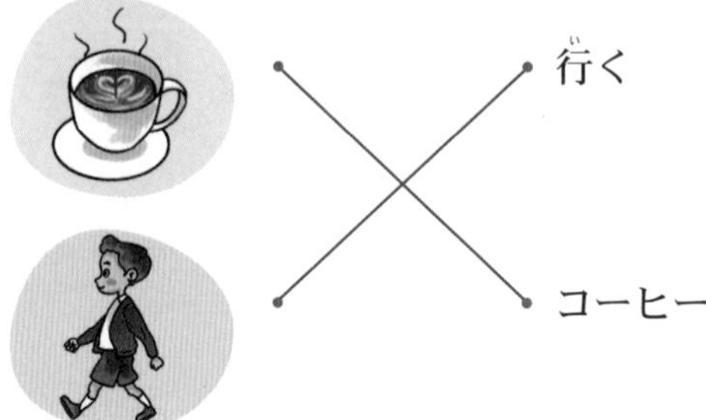

연습문제

1 ① 読みます
② 働きます

2 ① 出ます
② 借ります

3 ① 友達が 来ます
② 運動します

4 ① 毎日 牛乳を 飲みます。
② 9時に 友達が 来ます。

5 ① 父は 映画を 見ません。
② 今日は 薬を 飲みません。

6 ① 食堂で ご飯を 食べます。
② 外で たばこを 吸います。

やってみよう

1 ① 今日は サッカーを しますか。
いいえ、しません。

② 明日は 電車で 会社へ 行きますか。
いいえ、バスで 行きます。

2 A：＿B＿さんは 毎日 6時間 以上 寝ますか。
B：はい。毎日 6時間 以上 寝ます。
いいえ。毎日 6時間 以上 寝ません。
A：＿B＿さんは 毎週 運動を しますか。
B：はい。毎週 運動を します。
いいえ。毎週 運動を しません。
A：＿B＿さんは たばこを 吸いますか。
B：はい。たばこを 吸います。
いいえ。たばこを 吸いません。
A：＿B＿さんは エレベーターより 階段を よく 使いますか。
B：はい。エレベーターより 階段を よく 使います。
いいえ。階段より エレベーターを よく 使います。
A：＿B＿さんは よく 笑いますか。
B：はい。よく 笑います。
いいえ。あまり 笑いません。

はなしてみよう

① A：田中さんは 何時に 会社に 行きますか。
B：田中さんは 8時に 会社に 行きます。
② A：田中さんは 何時から 何時まで 会社で 働きますか。
B：田中さんは 9時から 5時まで 会社で 働きます。
③ A：田中さんは 何時に 夜ご飯を 食べますか。
B：田中さんは 7時に 夜ご飯を 食べます。
④ A：田中さんは 何時から 何時まで テレビを 見ますか。
B：田中さんは 9時から 10時まで テレビを 見ます。
⑤ A：田中さんは 何時に 寝ますか。
B：田中さんは 11時に 寝ます。

Lesson 08
映画を 見に 行きませんか

はじめよう

花火大会

お弁当

手伝う

연습문제

1 ① コーヒーを 飲みませんか。
② 日本の ドラマを 見ませんか。

2 ① 旅行を しましょう。
② 遊園地で 遊びましょう。

3 ① かばんを 持ちましょうか。
② 映画を 見ましょうか。

4 ① 友達に 会いに 行きます。
② 食事(を し)に 行きます。

5 ① この 辞書は 便利だから よく 使います。
② 牛乳は 体に いいから 毎日 飲みます。

6 ① あの 店は 親切で いいです。
② テストの 勉強で 忙しいです。

やってみよう

1 ① 公園に
写真を 撮りに 行きます。
お弁当を 食べに 行きます。
友達と 遊びに 行きます。

② デパートに
靴を 買いに 行きます。
服を 買いに 行きます。
ゲームを しに 行きます。
お茶を 飲みに 行きます。
映画を 見に 行きます。
食事(を し)に 行きます。
かばんを 買いに 行きます。

3 ① Ⓑ 飲み　② Ⓐ し

はなしてみよう

① A：Bさん、明日、暇ですか。
B：はい。どうしてですか。
A：一緒に 花火大会に 行きませんか。
B：いいですね。どこで、何時からですか。
A：ふじ公園で 7時からです。
B：いいですよ。行きましょう。

② A：Bさん、明日、暇ですか。
B：はい。どうしてですか。
A：一緒に コンサートに 行きませんか。
B：いいですね。どこで、何時からですか。
A：ABCホールで 午後 5時から 8時まで です。
B：いいですよ。行きましょう。

③ A：Bさん、明日、暇ですか。
B：はい。どうしてですか。
A：一緒に サッカーの 試合に 行きませんか。
B：いいですね。どこで、何時からですか。
A：横浜スタジアムで 1時からです。
B：いいですよ。行きましょう。

Lesson 09
韓国料理を 作りました

はじめよう

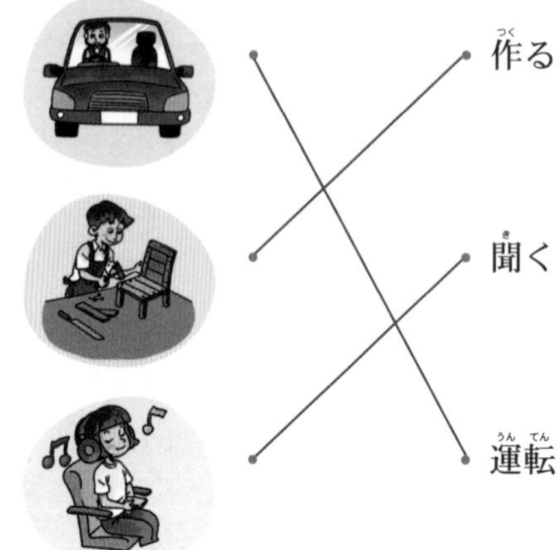

연습문제

1 ① 今朝 新聞を 読みました。
② おととい 雨が 降りました。

2 ① 先月は 友達に 会いませんでした。
② 今日は 洗濯を しませんでした。

3 ① ゲームを しながら お菓子を 食べます。
② ノートを 見ながら 漢字を 覚えます。

4 ① 水泳が できます。
② 仕事が できます。

やってみよう

3 ① 友達を 待ちながら 本を 読みます /
コーヒーを 飲みます /
携帯電話を 見ます。
② 散歩を しながら 写真を 撮ります /
景色を 見ます /
音楽を 聞きます。

はなしてみよう

2 ・ カフェで 友達と コーヒーを 飲みました。
▼

- 学校で 勉強を しました。

▼

- 図書館で 本を 借りました。

▼

- 郵便局で 手紙を 出しました。

▼

- 家で ご飯を 食べました。

Lesson 10
教室に 机が あります

はじめよう

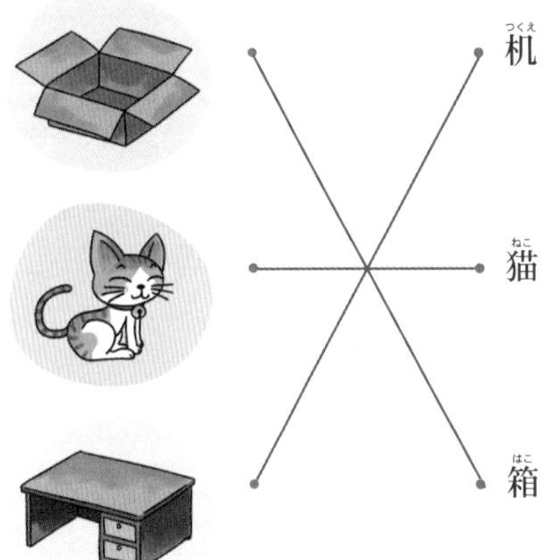

연습문제

1 ① 冷蔵庫に ジュースが あります。

② コンビニに 山田さんが います。

2 ① 銀行の 横に レストランが あります。

② 机の 下に 犬が います。

3 ① A：冷蔵庫の 上に 何か ありますか。

B：はい、のりが あります。

② A：台所に 誰か いますか。

B：いいえ、誰も いません。

4 ① 九州に 行きたいです。

② 中国語が 勉強したいです 。

やってみよう

1 ① 猫

A：猫は どこに いますか。

B：テーブルの 下に います。

② パソコン

A：パソコンは どこに ありますか。

B：ソファーの 上に あります。

③ 花

A：花は どこに ありますか。

B：テレビの 横に あります。

④ 子ども

A：子どもは どこに いますか。

B：テレビの 前に います。

⑤ バナナ

A：バナナは どこに ありますか。

B：テーブルの 上に あります。

はなしてみよう

1 ① 夏休み(冬休み)に どこに 行きたいですか。

—山に 行きたいです。

—海に 行きたいです。

—スキーに 行きたいです。

② 今、何が 食べたいですか。

—アイスクリームが 食べたいです。

—カレーライスが 食べたいです。

—韓国料理が 食べたいです。

③ デートで 何が したいですか。

—遊園地で 遊びたいです。

—公園で 散歩が したいです。

—レストランで 食事が したいです。

④ どんな 映画が 見たいですか。

—恋愛映画が 見たいです。

—アクション映画が 見たいです。

—ホラー映画が 見たいです。

2 ① A：ああ、今日は 宿題を したくないなあ。

B：どうして？

A：疲れたから。

② A：ああ、今日は ご飯 作りたくないなあ。

B：どうして？

A：大変だから。

2ND EDITION 다락원
뉴코스 일본어

지은이 채성식, 조영남, 아이자와 유카, 나카자와 유키
펴낸이 정규도
펴낸곳 (주)다락원

초판 1쇄 발행 2012년 1월 5일
개정1판 1쇄 발행 2023년 9월 25일
개정1판 2쇄 발행 2024년 3월 28일

책임편집 이선미, 송화록
디자인 장미연, 김희정
일러스트 오경진

다락원 경기도 파주시 문발로 211
내용문의: (02)736-2031 내선 460~465
구입문의: (02)736-2031 내선 250~252
Fax: (02)732-2037
출판등록 1977년 9월 16일 제406-2008-000007호

ISBN 978-89-277-1278-7 14730
978-89-277-1277-0 (set)

http://www.darakwon.co.kr

• 다락원 홈페이지를 방문하시면 상세한 출판 정보와 함께 동영상강좌, MP3 자료 등 다양한 어학 정보를 얻으실 수 있습니다.

일본어 마스터로 가는 새로운 길라잡이

2ND EDITION

다락원 뉴코스 일본어

채성식 · 조영남 · 아이자와 유카 · 나카자와 유키 공저

STEP 1

별책부록 | 가나쓰기 노트 / 문법 노트

다락원

가나쓰기노트

청음(清音)

あ행

[아], [이], [우], [에], [오]와 비슷하게 발음한다. う는 입술을 동그랗게 오므리지 않고 입술을 편안히 한 상태에서 우리말의 [우] 발음을 하면 된다.

주의 あ와 お는 똑같이 3획이지만 2번째 획과 3번째 획의 모습이 확실히 다르다는 점을 파악하자.

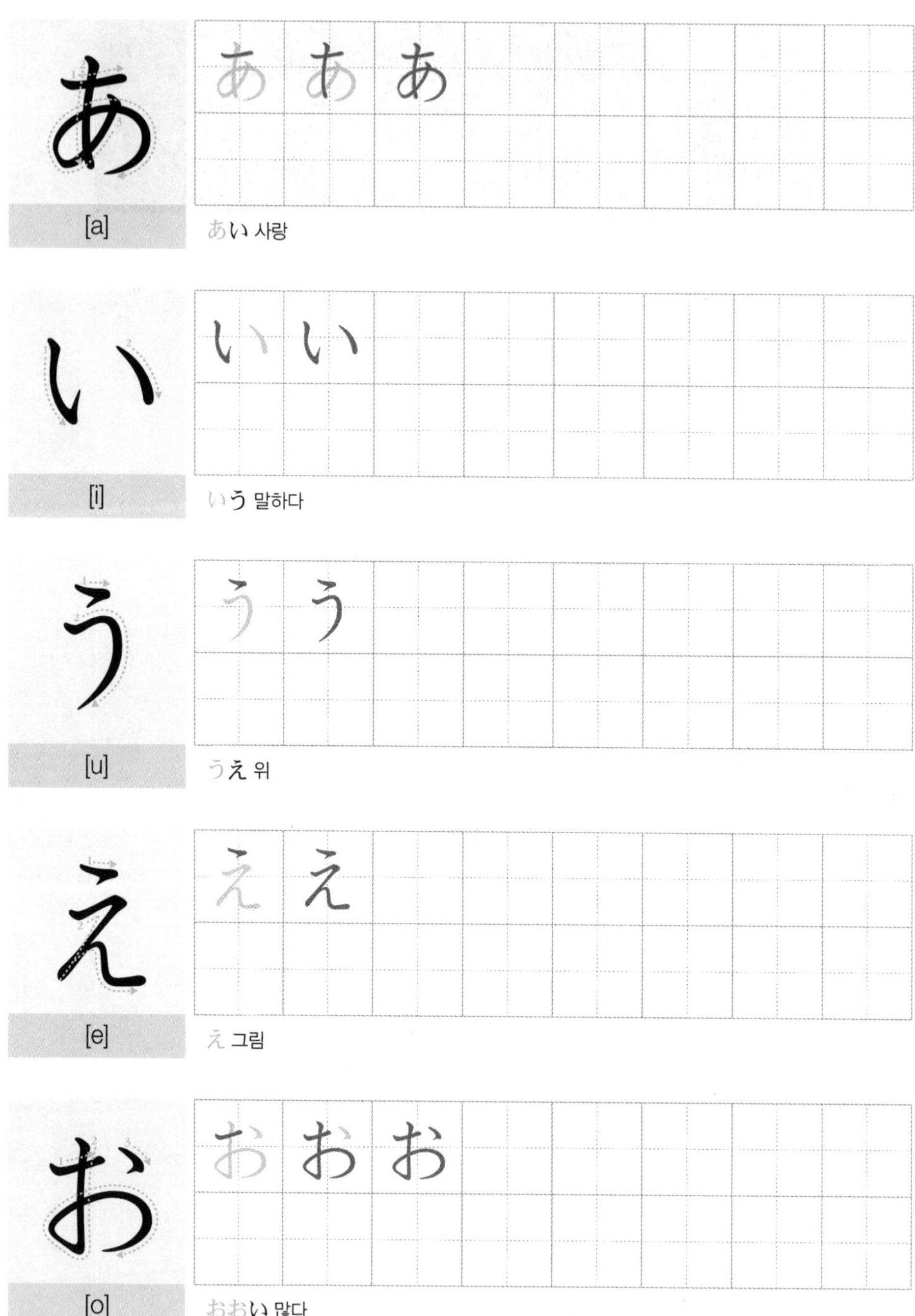

ア
[a]
アメリカ 미국, 아메리카
イ
[i]
イギリス 영국
ウ
[u]
ウイスキー 위스키
エ
[e]
エアコン 에어컨
オ
[o]
オレンジ 오렌지

か행

[카], [키], [쿠], [케], [코]를 조금 약하게 발음하면 되는데, **か**행의 음이 단어의 중간이나 끝에 오는 경우는 [까], [끼], [꾸], [께], [꼬]로 발음된다. **く**는 입술을 동그랗게 오므리지 않고 발음한다.

주의 か를 쓸 때 획순에 주의하고, 3번째 획인 '점'을 붙인다는 것을 잊지 않도록 한다.

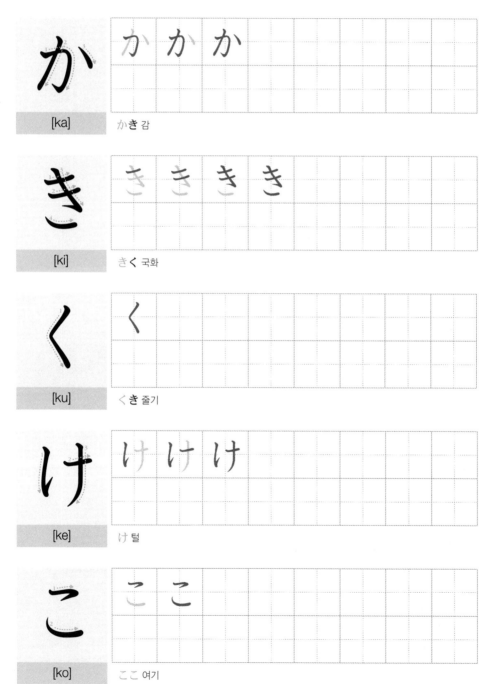

か
[ka]
かかか
かき 감

き
[ki]
きききき
きく 국화

く
[ku]
く
くき 줄기

け
[ke]
けけけ
け 털

こ
[ko]
ここ
ここ 여기

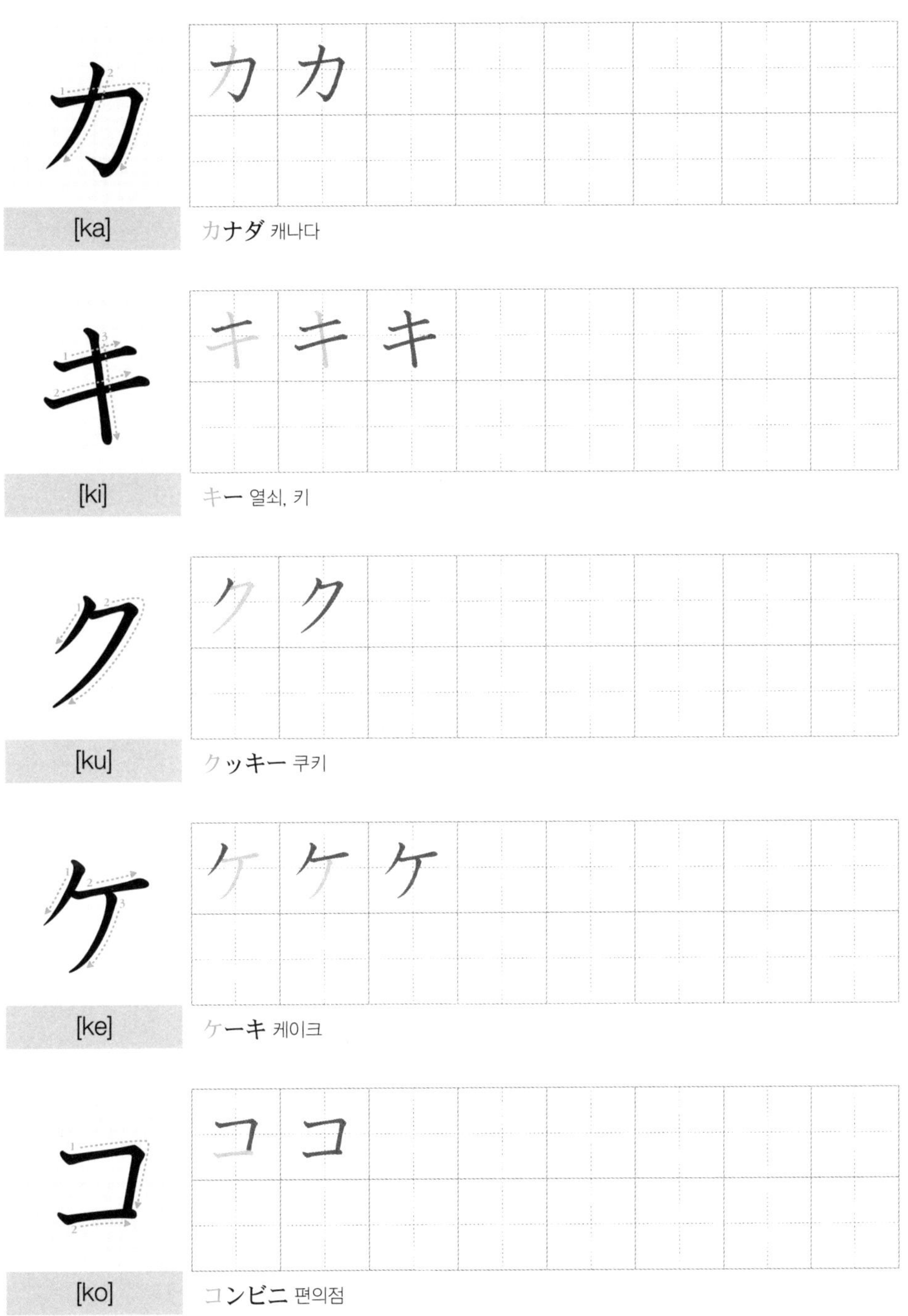
カ
[ka]
カナダ 캐나다
キ
[ki]
キー 열쇠, 키
ク
[ku]
クッキー 쿠키
ケ
[ke]
ケーキ 케이크
コ
[ko]
コンビニ 편의점

さ 행

[사], [시], [스], [세], [소]와 비슷하게 발음하는데, **す**는 입술을 동그랗게 오므리지 않고 [스]에 가깝게 발음한다.

주의 さ는 마지막 획이 き와 같은 방향으로 열려 있지만 가로획이 한 획 적다는 점에 주의한다.

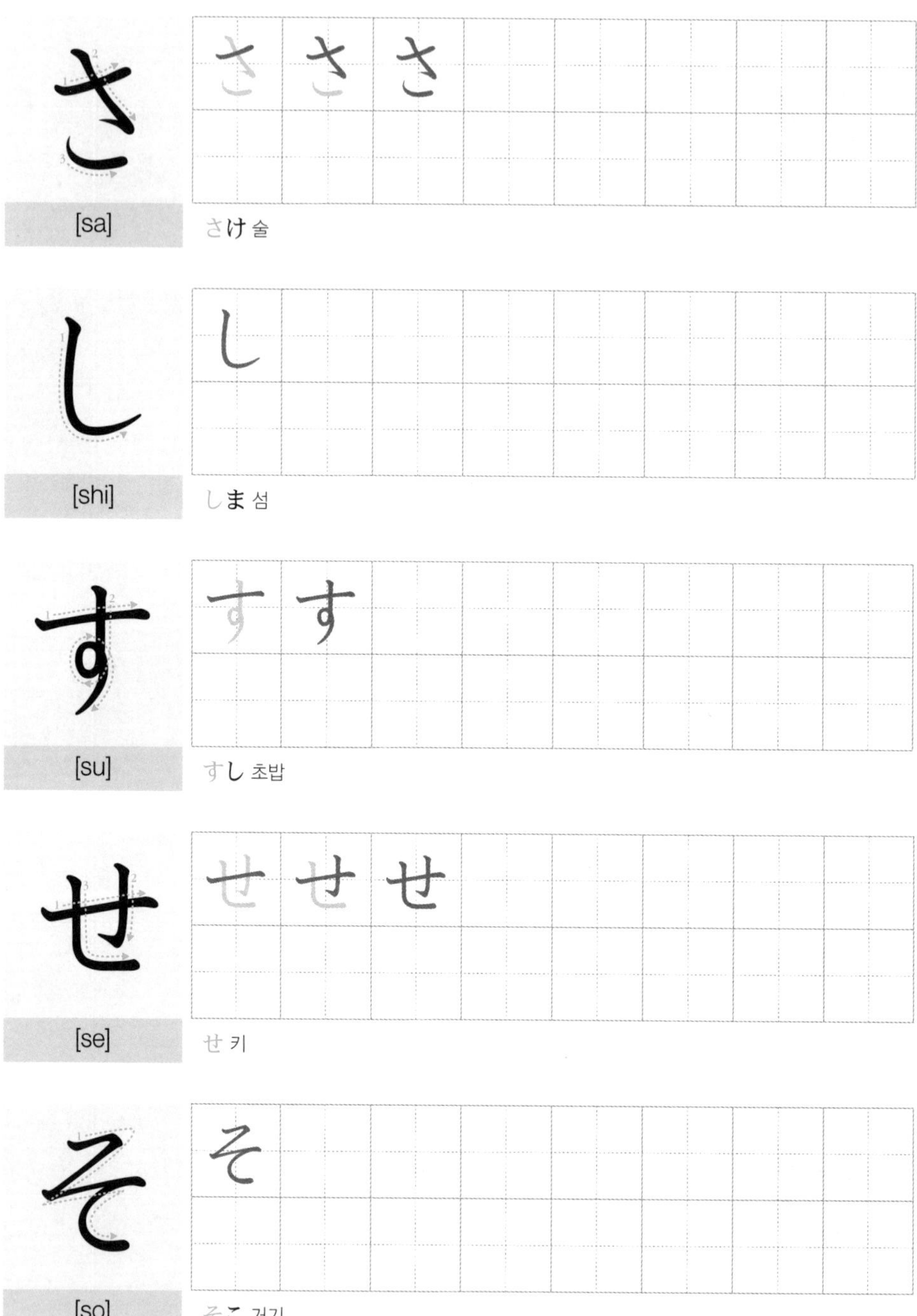

サ
[sa]
サンドイッチ 샌드위치
シ
[shi]
タクシー 택시
ス
[su]
スーパー 슈퍼마켓
セ
[se]
セーター 스웨터
ソ
[so]
パソコン 퍼스널 컴퓨터

た행

[타], [치], [츠], [테], [토]로 발음되는데, **た・て・と**는 [타], [테], [토]를 조금 약하게 발음하고, **ち・つ**는 [치], [츠]와 비슷하게 발음한다. **つ**는 영어에서 「it's me」라고 할 때의 「t's」의 발음과 비슷하다.

주의 ち는 마지막 획이 さ와 반대 방향으로 열려 있다는 점에 주의한다.

た [ta]

たたたた

たこ 문어

ち [chi]

ちち

ちち 아버지

つ [tsu]

つ

つくえ 책상

て [te]

て

て 손

と [to]

とと

とけい 시계

주의 シ와 ツ는 모양이 비슷한데, シ는 3번째 획을 밑에서 위로 올려 쓰고, ツ는 3번째 획을 위에서 밑으로 내려 쓴다.

な행

[나], [니], [누], [네], [노]와 발음이 비슷하다. ぬ는 입술을 동그랗게 오므리지 않고 발음한다.

주의 に를 제외한 な·ぬ·ね·の의 경우 な행의 특징인 매듭 모양을 하고 있다. の는 매듭을 크게 한 번만 그리면 된다.

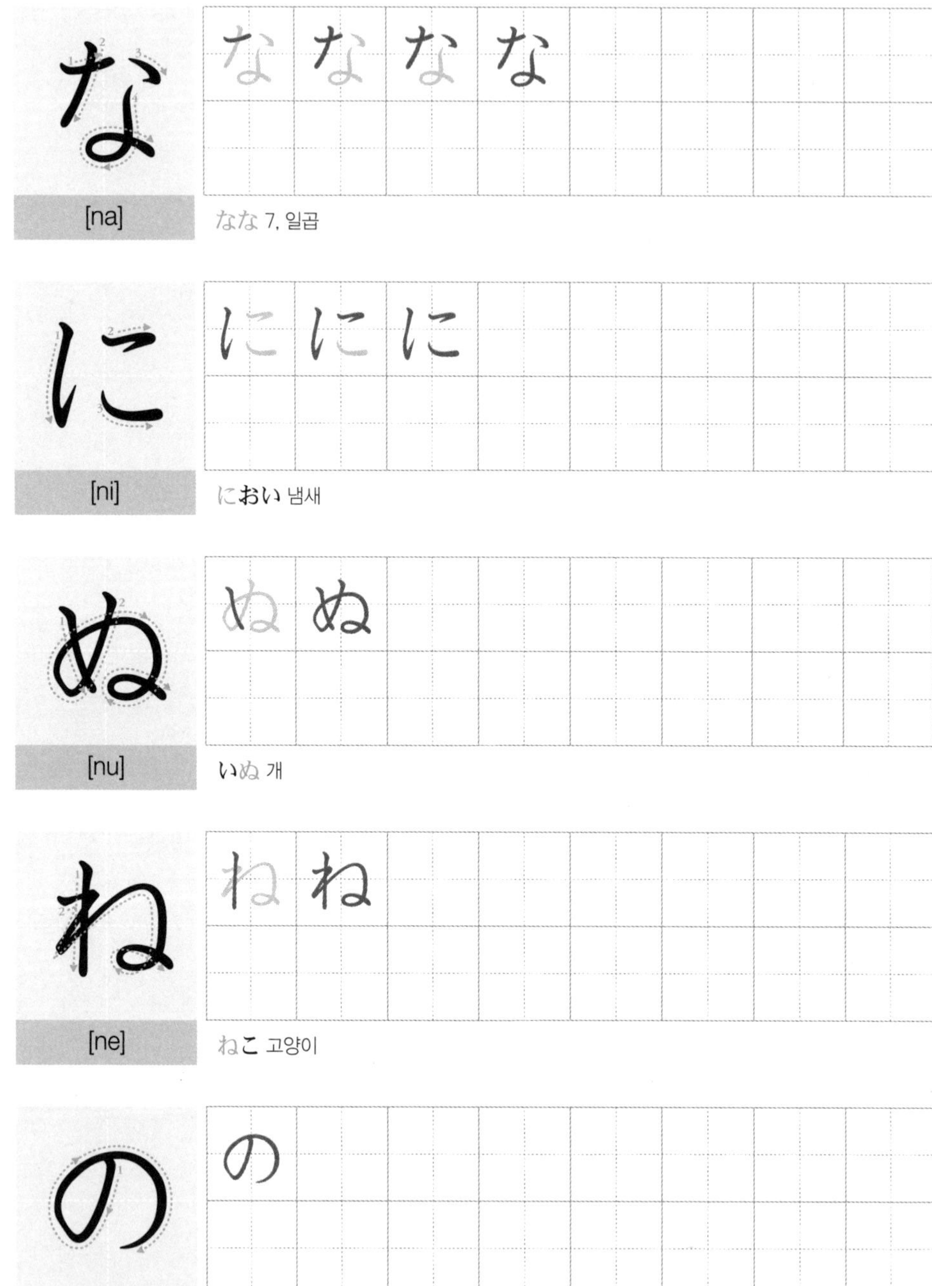

なな 7, 일곱

におい 냄새

いぬ 개

ねこ 고양이

のり 김

주의 ス와 ヌ는 비슷한 모양이지만 ヌ의 2번째 획이 ス의 2번째 획보다 길이가 더 길다.

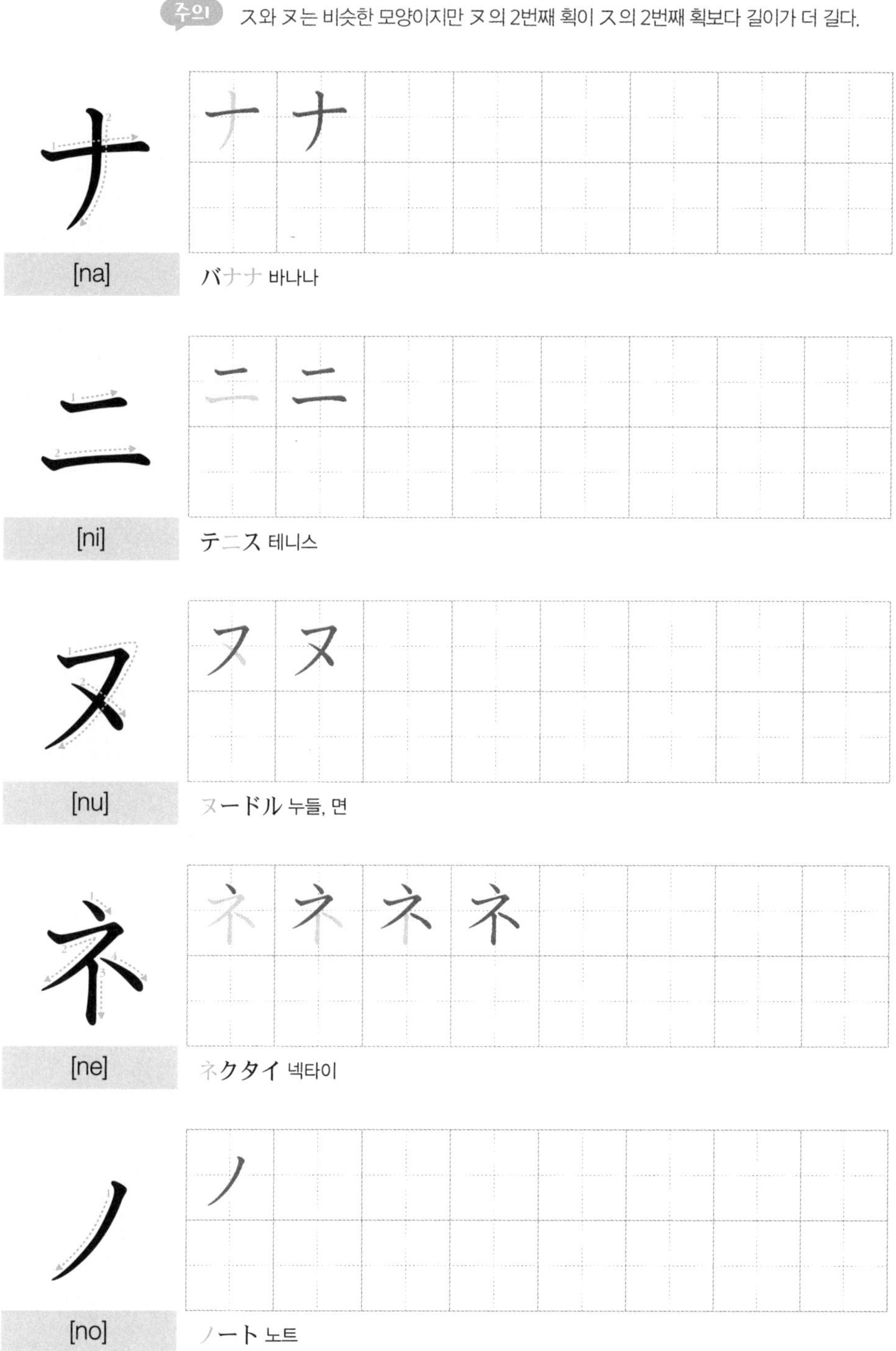

は행

[하], [히], [후], [헤], [호]와 발음이 비슷하다. ふ는 입술을 동그랗게 오므리지 않고 발음한다.

주의 は와 ほ를 비교해서 살펴보면, は는 총 3획이면서 윗부분이 열려 있고, ほ는 총 4획이면서 윗부분이 닫혀 있다.

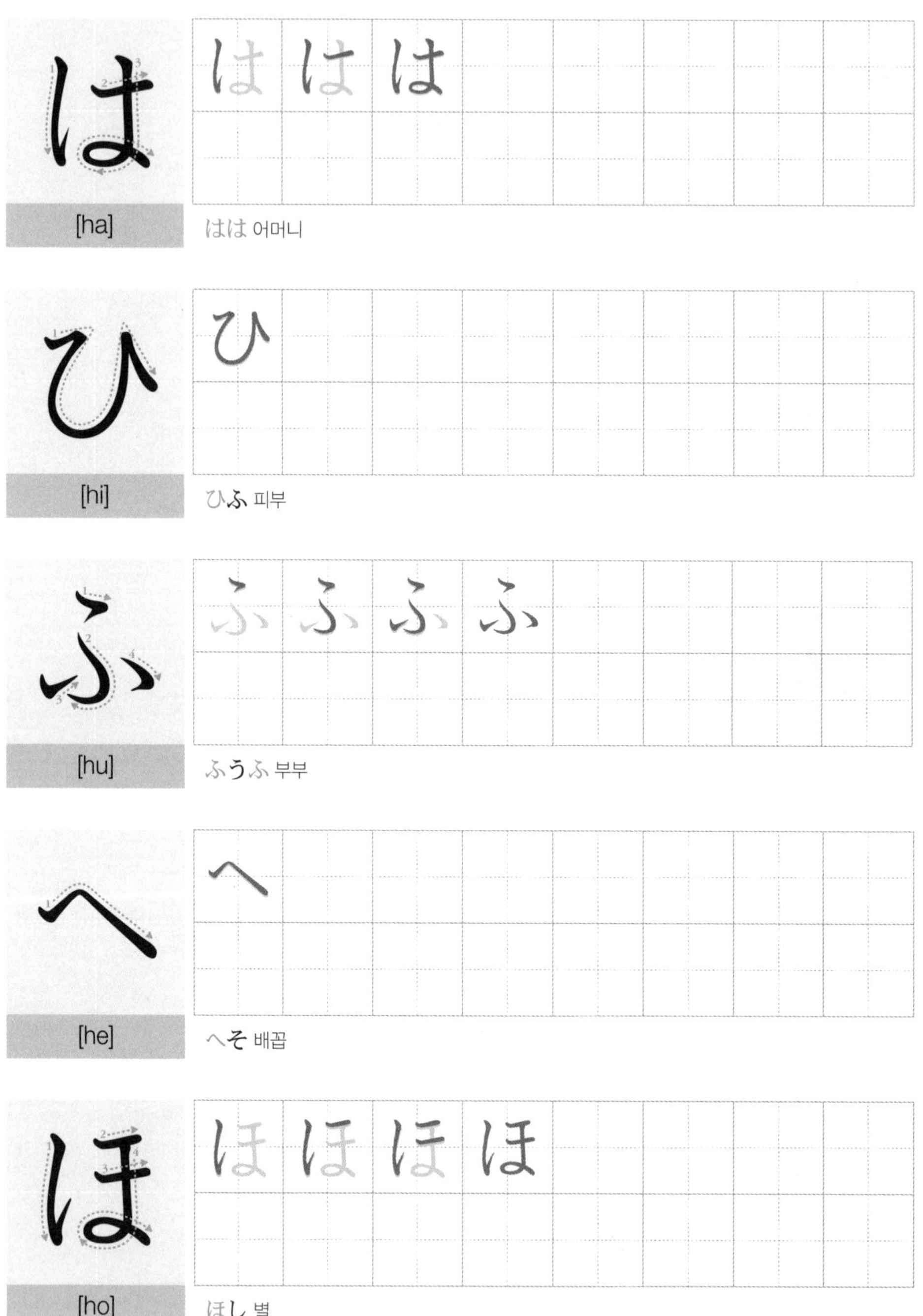

ハ
[ha]
ハム 햄
ヒ
[hi]
ヒット 히트
フ
[hu]
ゴルフ 골프
ヘ
[he]
ヘリコプター 헬리콥터
ホ
[ho]
ホテル 호텔

ま행

[마], [미], [무], [메], [모]와 발음이 비슷하다. む는 입술을 동그랗게 오므리지 않고 발음한다.

まと もは 약간 닮았는데, ま는 가로획이 먼저이며 마지막 획을 돌려서 매듭 모양을 만들어 주고, も는 세로획이 먼저이며 마지막 획을 매듭 없이 바깥으로 빼 준다. め와 ぬ는 매듭의 유무에 따라 구별할 수 있다. 2번째 획을 돌려서 매듭을 만들면 ぬ가 되고, 돌리지 않고 그대로 마무리하면 め가 된다.

ま [ma]

ま ま ま

まめ 콩

み [mi]

み み

みみ 귀

む [mu]

む む む

むすめ 딸

め [me]

め め

め 눈

も [mo]

も も も

もも 복숭아

주의 マ는 ア와 비슷한데, マ는 2번째 획의 길이가 짧고, ア는 2번째 획의 길이가 길다.

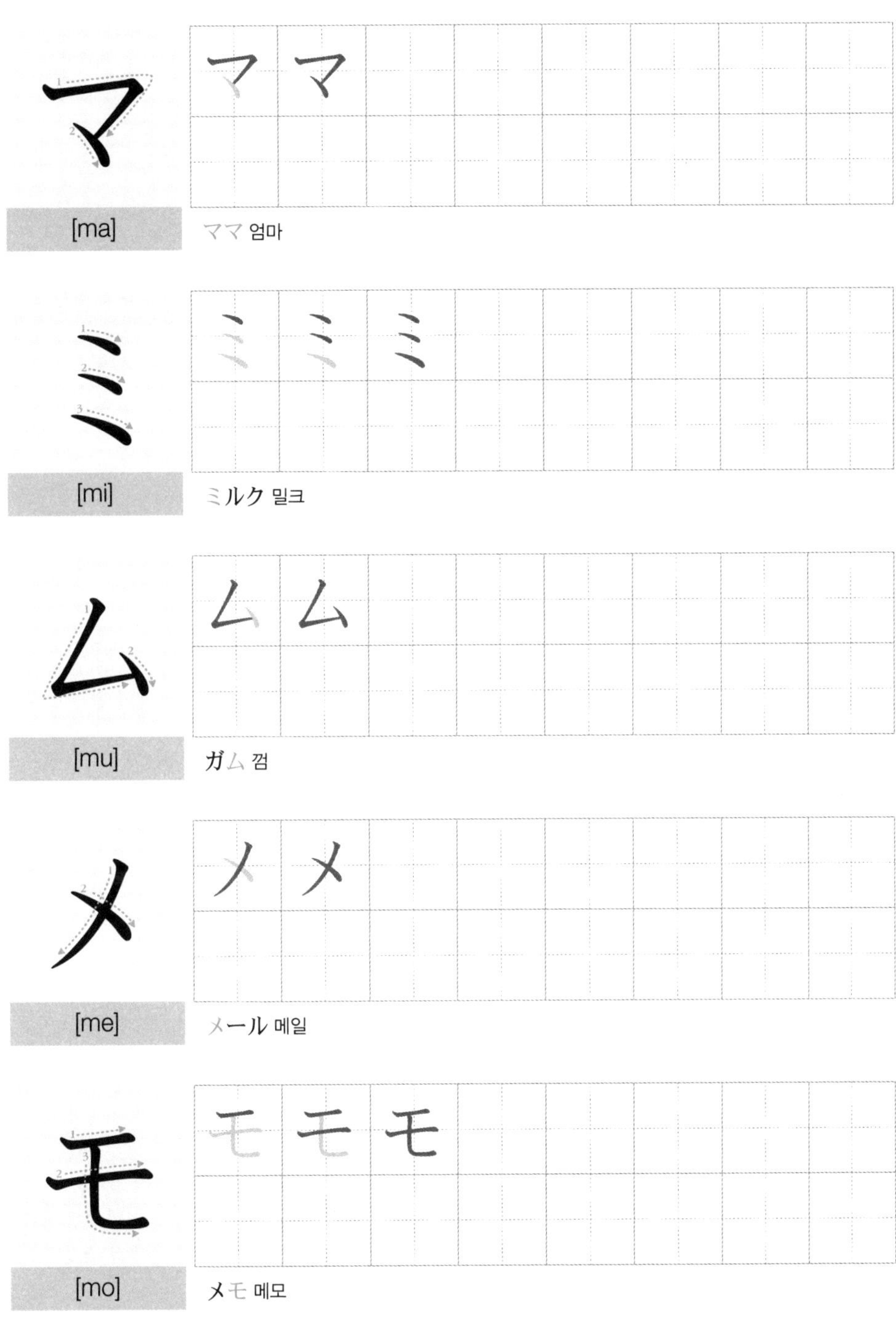

や행

[야], [유], [요]와 발음이 비슷하다. ゆ는 입술을 동그랗게 오므리지 않고 발음한다.

や와 せ를 비교해 보면, や는 가로획인 1번째 획의 마지막 부분이 구부러지고 3번째 획은 곧은 획인데 반해, せ는 가로획인 2번째 획이 곧은 직선이고 3번째 획이 굽은 획이다.

주의 ヤ와 セ는 비슷한 모양인데, ヤ는 2번째 획을 곧게 직선으로 내려 주고, セ는 2번째 획을 구부려 준다. ユ와 コ는 비슷한 모양인데, コ는 한국어의 '디귿(ㄷ)'을 반대로 한 모양이고 총 2획이다. ユ는 2번째 획이 コ의 2번째 획보다 길다.

ヤ

ヤ ヤ

[ya]

ドライヤー 드라이어

ユ

ユ ユ

[yu]

ユーモア 유머

ヨ

ヨ ヨ ヨ

[yo]

ヨット 요트

ら 행

[라], [리], [루], [레], [로]와 발음이 비슷하다. ら행의 자음 [r] 발음은 윗니의 안쪽 잇몸 위의 울퉁불퉁한 부분(치경)을 혀끝으로 차듯이 발음한다. る는 입술을 동그랗게 오므리지 않고 발음한다.

り와 い는 획의 길이에 차이가 있다. い는 왼쪽 획이 오른쪽 획보다 길고, り는 오른쪽 획이 왼쪽 획보다 길다. る와 ろ는 비슷하게 생겼지만 る는 마지막을 둥글게 말아 올려 매듭을 만들고, ろ는 매듭이 없다. ね와 れ 역시 매듭의 유무로 구별할 수 있다. ね는 매듭이 있고, れ는 매듭이 없다.

ら [ra]

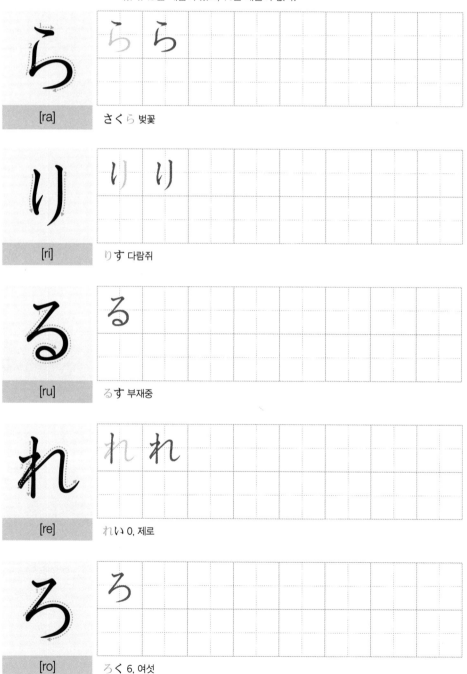

ら ら

さくら 벚꽃

り [ri]

り り

りす 다람쥐

る [ru]

る

るす 부재중

れ [re]

れ れ

れい 0, 제로

ろ [ro]

ろ

ろく 6, 여섯

주의 テ와 ラ는 비슷한 모양인데, テ는 총 3획으로 3번째 획이 2획의 중앙 지점에서 내려오고, ラ는 총획수가 2획이다.

ラ

[ra]

ラ ラ

コーラ 콜라

リ

[ri]

リ リ

リズム 리듬

ル

[ru]

ル ル

ルール 룰, 규칙

レ

[re]

レ

レモン 레몬

ロ

[ro]

ロ ロ ロ

ローマ 로마

わ행

わ행은 우리말의 [와], [오]와 거의 같은 발음이다. を는 실제 발음이 あ행의 お와 거의 같지만, を는 '~을/를'이라는 뜻의 목적격 조사로만 사용된다.

주의 わ와 ね와 れ는 마지막 부분 마무리를 어떻게 하느냐에 따라 구별할 수 있다. わ는 안쪽으로 구부러진 모습이고, ね는 매듭 모양이며, れ는 ㄹ(리을)을 흘려쓴 모양이다.

ん은 뒤에 오는 글자에 따라서 [ㄴ], [ㅁ], [ㅇ]에 가깝게 발음된다.

ソ와 ン은 비슷한 모양인데, ソ는 2번째 획을 위에서 밑으로 내려 쓰고, ン은 2번째 획을 밑에서 위로 올려 쓴다.

[nn]

にほん 일본

[nn]

メロン 멜론

탁음(濁音)

が행

[가], [기], [구], [게], [고]를 조금 약하게 발음한다. 때에 따라서는 [가], [기], [구], [게], [고] 앞에 '응'을 재빨리 붙여 비음으로 발음하기도 한다. ぐ는 입술을 동그랗게 오므리지 않고 발음한다.

が

[ga]

が が が

がか 화가

ぎ

[gi]

ぎ ぎ ぎ

かぎ 열쇠

ぐ

[gu]

ぐ ぐ ぐ

かぐ 가구

げ

[ge]

げ げ げ

かげ 그림자

ご

[go]

ご ご ご

かご 바구니

ガ
[ga]
ガイド 가이드
ギ
[gi]
イギリス 영국
グ
[gu]
グラフ 그래프
ゲ
[ge]
ゲーム 게임
ゴ
[go]
ゴール 골, 득점

ざ 행

ざ행의 발음은 틀리기 쉬운 발음 중 하나로, 영어의 [z] 발음과 비슷하다. **ず**는 [zu]로 표기하지만 [즈]에 가깝게 입술을 동그랗게 오므리지 않고 발음한다.

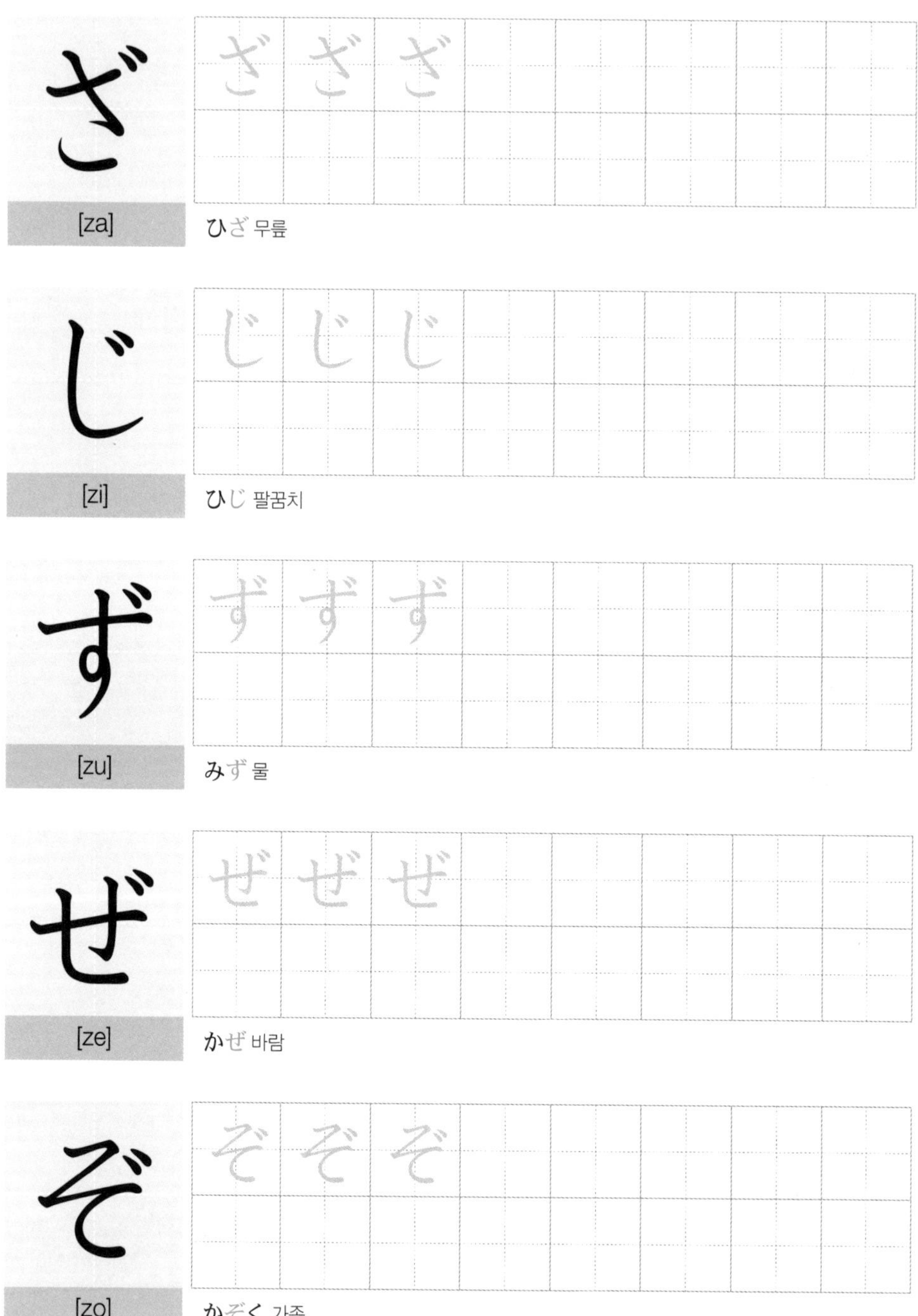

ザ
[za]
レザー 인조 가죽
ジ
[zi]
ラジオ 라디오
ズ
[zu]
ズボン 바지
ゼ
[ze]
ゼリー 젤리
ゾ
[zo]
ゾーン 지역, 범위(zone)

だ행

だ, で, ど는 영어의 [d] 발음이고, ぢ, づ는 じ, ず와 발음이 매우 유사하다. づ는 입술을 동그랗게 오므리지 않고 [즈]에 가깝게 발음한다.

だ [da]

だ だ だ

だいがく 대학

ぢ [zi]

ぢ ぢ ぢ

はなぢ 코피

づ [zu]

づ づ づ

こづつみ 소포

で [de]

で で で

でんわ 전화

ど [do]

ど ど ど

おんど 온도

ダ
[da]
ダイエット 다이어트
ヂ
[zi]
チヂミ 부침개
ヅ
[zu]
デ
[de]
デート 데이트
ド
[do]
ドラマ 드라마

ば행

[바], [비], [부], [베], [보]와 비슷하게 발음한다. ぶ는 입술을 동그랗게 오므리지 않고 발음한다.

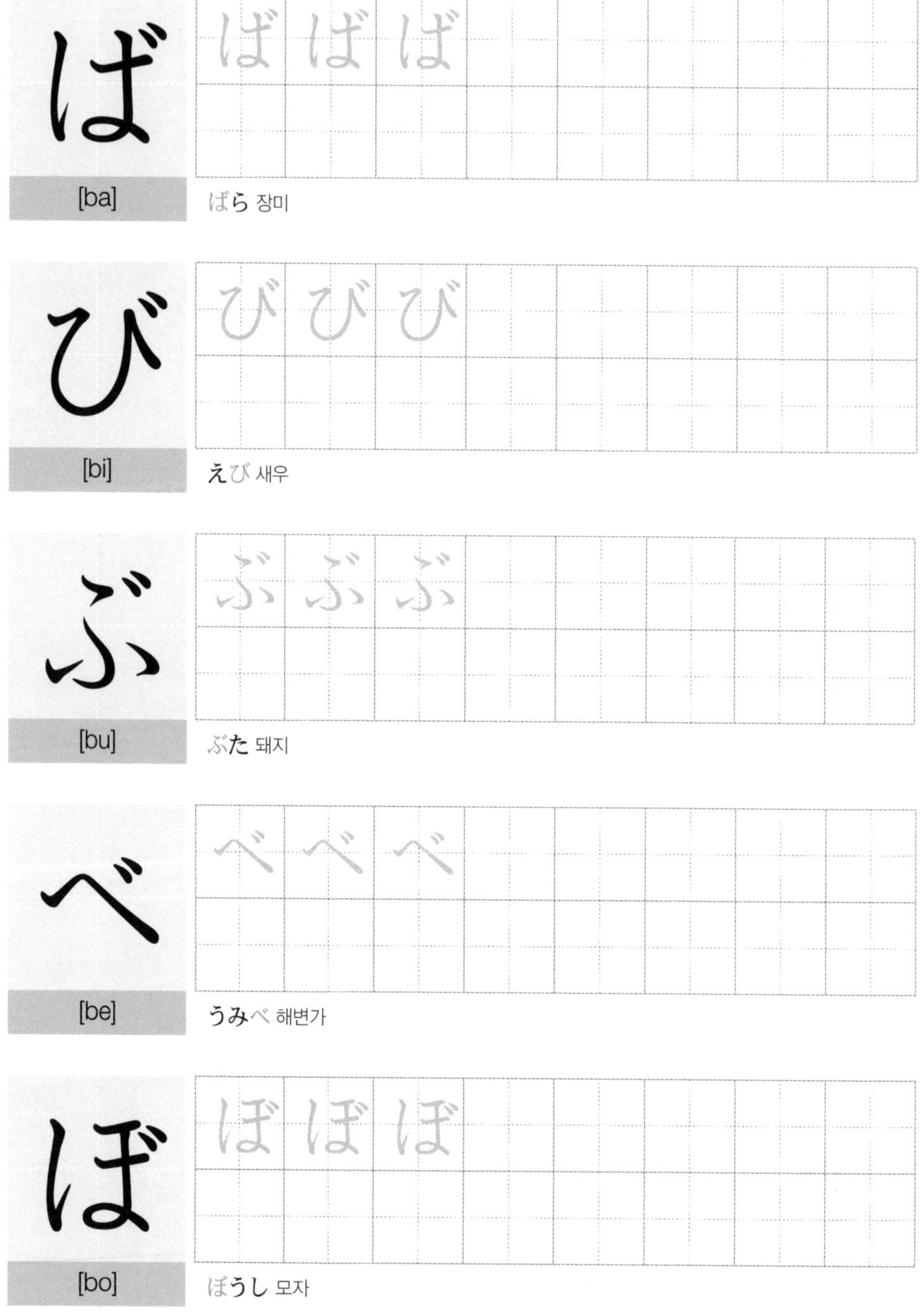

バ
バ バ バ
[ba]
バナナ 바나나
ビ
ビ ビ ビ
[bi]
ビール 맥주
ブ
ブ ブ ブ
[bu]
ブーツ 부츠
ベ
ベ ベ ベ
[be]
ベッド 침대
ボ
ボ ボ ボ
[bo]
ボタン 버튼, 단추

반탁음(半濁音)

ぱ행

단어의 제일 앞에 오면 [파], [피], [푸], [페], [포]에 가깝게 발음되며, 단어의 중간이나 끝에 오면 [빠], [삐], [뿌], [뻬], [뽀]에 가깝게 발음된다. ぷ는 입술을 동그랗게 오므리지 않고 발음한다.

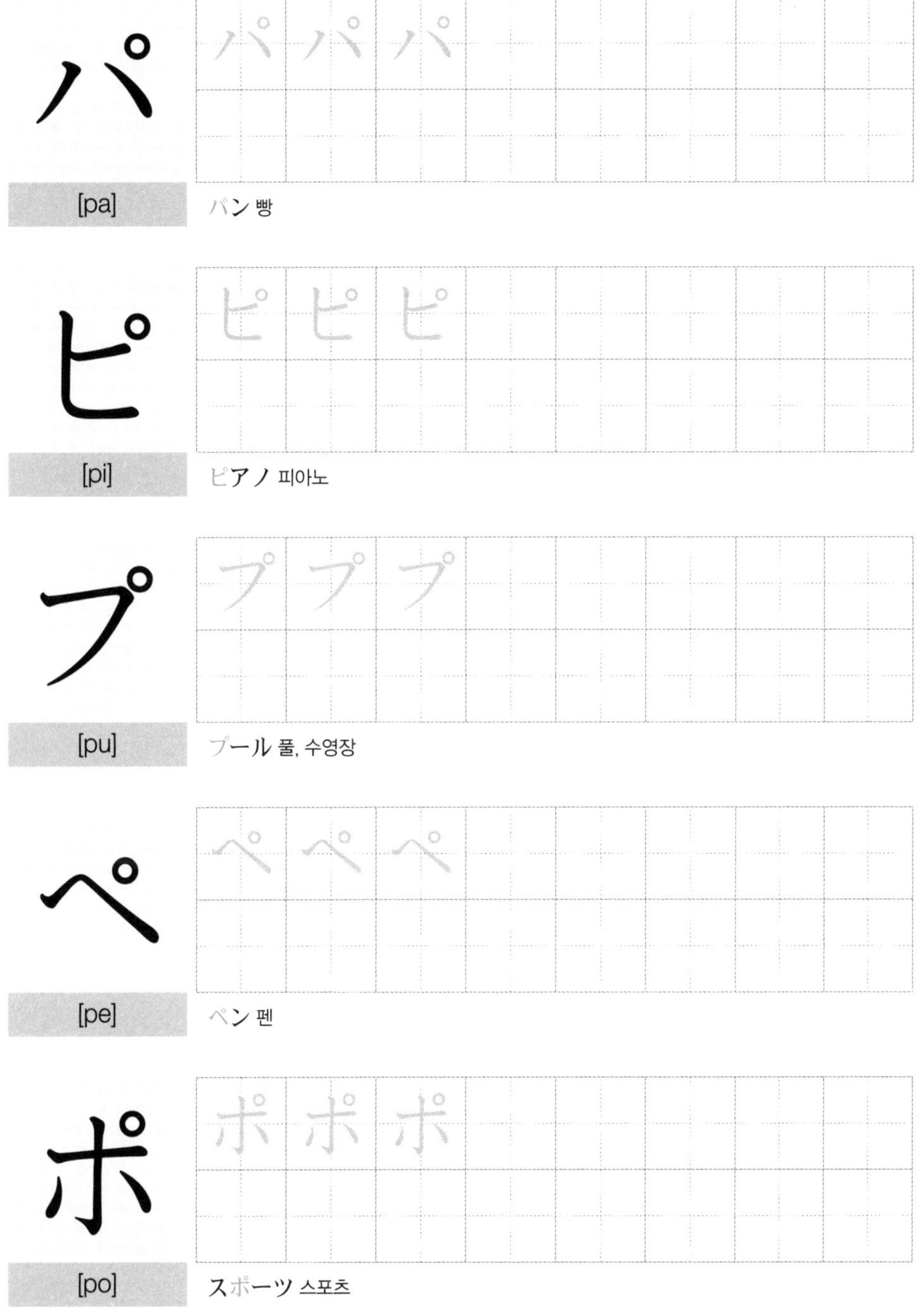
パ
[pa]
パン 빵
ピ
[pi]
ピアノ 피아노
プ
[pu]
プール 풀, 수영장
ペ
[pe]
ペン 펜
ポ
[po]
スポーツ 스포츠

요음(拗音)

か행

きゃ

[kya]

きゃく 손님

きゅ

[kyu]

きゅうり 오이

きょ

[kyo]

きょり 거리

キャ

[kya]

キャスター 캐스터

キュ

[kyu]

キューピッド 큐피드

キョ

[kyo]

さ행

しゃ

しゃ しゃ しゃ

[sha]

しゃかい 사회

しゅ

しゅ しゅ しゅ

[shu]

しゅうり 수리

しょ

しょ しょ しょ

[sho]

しょるい 서류

シャ

シャ シャ シャ

[sha]

シャツ 셔츠

シュ

シュ シュ シュ

[shu]

シュークリーム 슈크림

ショ

ショ ショ ショ

[sho]

ショック 쇼크

た행

ちゃ
[cha]

ちゃ ちゃ ちゃ

おちゃ 차, 녹차

ちゅ
[chu]

ちゅ ちゅ ちゅ

ちゅうい 주의

ちょ
[cho]

ちょ ちょ ちょ

ちょきん 저금

チャ
[cha]

チャ チャ チャ

チャイム 차임벨, 초인종

チュ
[chu]

チュ チュ チュ

チューリップ 튤립

チョ
[cho]

チョ チョ チョ

チョコレート 초콜릿

な행

にゃ

[nya]

にゃ にゃ にゃ

こんにゃく 곤약

にゅ

[nyu]

にゅ にゅ にゅ

にゅうがく 입학

にょ

[nyo]

にょ にょ にょ

にょうぼう 아내

ニャ

[nya]

ニャ ニャ ニャ

ニャーニャー 야옹야옹(고양이 우는 소리)

ニュ

[nyu]

ニュ ニュ ニュ

ニュース 뉴스

ニョ

[nyo]

ニョ ニョ ニョ

は행

ひゃ

[hya]

ひゃ ひゃ ひゃ

ひゃく 100

ひゅ

[hyu]

ひゅ ひゅ ひゅ

ひょ

[hyo]

ひょ ひょ ひょ

ひょうか 평가

ヒャ

[hya]

ヒャ ヒャ ヒャ

ヒュ

[hyu]

ヒュ ヒュ ヒュ

ヒューズ 퓨즈

ヒョ

[hyo]

ヒョ ヒョ ヒョ

ま행

みゃ

みゃ みゃ みゃ

[mya]

みゃく 맥

みゅ

みゅ みゅ みゅ

[myu]

みょ

みょ みょ みょ

[myo]

みょうじ 성(이름)

ミャ

ミャ ミャ ミャ

[mya]

ミャンマー 미얀마

ミュ

ミュ ミュ ミュ

[myu]

ミュージカル 뮤지컬

ミョ

ミョ ミョ ミョ

[myo]

ら 행

りゃ
[rya]

りゃ りゃ りゃ

しょうりゃく 생략

りゅ
[ryu]

りゅ りゅ りゅ

りゅうがく 유학

りょ
[ryo]

りょ りょ りょ

りょうり 요리

リャ
[rya]

リャ リャ リャ

リュ
[ryu]

リュ リュ リュ

リュックサック 여행용 배낭

リョ
[ryo]

リョ リョ リョ

が행

ぎゃ

[gya]

ぎゃ ぎゃ ぎゃ

ぎゃく 반대

ぎゅ

[gyu]

ぎゅ ぎゅ ぎゅ

ぎゅうにゅう 우유

ぎょ

[gyo]

ぎょ ぎょ ぎょ

ぎょうじ 행사

ギャ

[gya]

ギャ ギャ ギャ

ギャグ 개그

ギュ

[gyu]

ギュ ギュ ギュ

ギョ

[gyo]

ギョ ギョ ギョ

ざ 행

じゃ
[zya]
じゃま 방해
じゅ
[zyu]
じゅく 학원
じょ
[zyo]
じょうけん 조건
ジャ
[zya]
ジャンル 장르
ジュ
[zyu]
ジュース 주스
ジョ
[zyo]
ジョギング 조깅

ば행

びゃ
[bya]
さんびゃく 300
びゅ
[byu]
びょ
[byo]
びょういん 병원
ビャ
[bya]
ビュ
[byu]
デビュー 데뷔
ビョ
[byo]

ぱ행

ぴゃ

[pya]

ぴゃ ぴゃ ぴゃ

ろっぴゃく 600

ぴゅ

[pyu]

ぴゅ ぴゅ ぴゅ

ぴょ

[pyo]

ぴょ ぴょ ぴょ

ぴょんぴょん 깡충깡충

ピャ

[pya]

ピャ ピャ ピャ

ピュ

[pyu]

ピュ ピュ ピュ

ピューマ 퓨마

ピョ

[pyo]

ピョ ピョ ピョ

문법노트

Lesson 01

私(わたし)は 学生(がくせい)です

① ～は～です ～은/는 ～입니다

「**は**」는 주격조사로서 한국어의 '은/는'에 대응하며, 「**～です**」는 '～입니다'와 같은 의미를 갖는 문말표현이다. 「**～です**」는 정중한 표현으로 기본형은 「**～だ**」이며, 이는 한국어의 '～(이)다'에 해당한다. (예 **彼(かれ)は 学生(がくせい)だ**。그는 학생이다.)

② 인칭대명사와 인칭의문사「だれ」

일본어에는 한국어와 같이 사람을 나타내는 다양한 명사(이름, 직업, 국적 등)와 대명사(인칭대명사) 및 의문사(인칭의문사)가 존재한다. 단 2인칭 대명사 「**あなた**」의 경우 한국어의 '당신'이라는 호칭처럼 사용할 수 있는 장면이 상당히 한정되므로 주의를 요한다.

③ ～は～ですか ～은/는 ～입니까?

「**～ですか**」는 한국어의 '～입니까?'에 해당하는 표현으로서 의문문을 만들 때 사용한다. 일본어에서는 문장(평서문)의 마지막에 의문사 「**か**」를 붙여 의문문을 만들 수 있다.

④ ～では(じゃ) ありません ～이/가 아닙니다

「**～では ありません**」은 「**～です**」의 부정표현으로 한국어의 '～이/가 아닙니다'의 의미를 가지며, 회화체에서는 「**～じゃ ありません**」이라는 형태로 사용된다. 한편 「**～です**」의 기본형인 「**～だ**」의 부정형은 「**～では ない**」이며, 이는 한국어의 '～이/가 아니다'에 해당한다. (예 **彼(かれ)は 学生(がくせい)では ない**。그는 학생이 아니다.) 따라서 결국 「**～では ない**」의 정중형이 바로 「**～では ありません**」이라고 할 수 있다.

Lesson 02

これは かばんです

❶ 사물 지시대명사「これ, それ, あれ」

사물을 나타내는 지시대명사에는「**これ**」「**それ**」「**あれ**」가 있으며, 이는 각각 한국어의 〈이것〉, 〈그것〉, 〈저것〉에 대응한다. 즉, 자기 영역에 속하거나 가까운 경우(근칭)는「**これ**」를, 자기 영역을 벗어나 상대방 영역에 속하거나 가까운 경우(중칭)는「**それ**」를, 자기 영역과 상대방 영역에 속하지 않는 경우(원칭)는「**あれ**」를 사용한다.

❷ 장소 지시대명사「ここ, そこ, あそこ」

장소를 나타내는 지시대명사에는「**ここ**」「**そこ**」「**あそこ**」가 있으며, 이는 각각 한국어의 〈여기〉, 〈거기〉, 〈저기〉에 대응한다. 즉, 자기 영역에 속하거나 가까운 경우(근칭)는「**ここ**」를, 자기 영역을 벗어나 상대방 영역에 속하거나 가까운 경우(중칭)는「**そこ**」를, 자기 영역과 상대방 영역에 속하지 않는 경우(원칭)는「**あそこ**」를 사용한다. 한편 방향을 나타내는 지시대명사로는 위와 같은 거리와 영역 관계에 따라「**こちら**」(이쪽)「**そちら**」(그쪽)「**あちら**」(저쪽)가 있다.

❸ 명사를 수식하는 지시사「この, その, あの」

명사를 수식할 때 사용하는 지시사는「**この**」「**その**」「**あの**」이며, 이는 각각 한국어의 〈이〉 〈그〉 〈저〉에 대응한다. 예를 들어「**この 時計**(とけい)」는 한국어의 〈이 시계〉에 해당한다.

❹ 명사 + の + 명사

명사가 명사를 수식할 때, 혹은 명사와 명사를 연결할 때 사용되는 조사는「**の**」이다. 이는 한국어의 〈의〉에 대응하며, 여러 가지 의미(①소유(**私**(わたし)**の 車**(くるま) 나의 차), ②소재(**韓国**(かんこく)**の ソウル** 한국의 서울), ③동격(**先生**(せんせい)**の 金**(キム)**さん** 선생님인 김 씨), ④행위자(**先生**(せんせい)**の 研究**(けんきゅう) 선생님의 연구), ⑤소속(**学校**(がっこう)**の 先生**(せんせい) 학교 선생님) 등)를 나타낸다. 단,「**田中**(たなか)**さんは 国語**(こくご)**の 先生**(せんせい)**です**(다나카 씨는 국어 선생님입니다)」의 경우처럼「**の**」가 한국어의 〈의〉에 항상 대응하지는 않으며, 생략되지 않는 경우도 많다는 점에 주의를 요한다.

5 「～の」~(의) 것, ~(한) 것

일본어 「**の**」의 경우, 명사와 명사 사이에 등장하는 용법 외에도 명사를 받는 역할을 하기도 한다. 예를 들어 「**この 携帯電話は 田中さんのです**」에서 「**田中さんの**」는 한국어의 〈다나카 씨 것〉에 해당하고, 이때 「**の**」는 「**携帯電話**」를 가리킨다.

6 의문지시대명사 「どれ」와 의문지시사 「どこ, どの」

의문문에 사용하는 지시대명사로는 한국어의 '어느 것'에 해당하는 「**どれ**」, '어디'에 해당하는 「**どこ**」, '어느 쪽'에 해당하는 「**どちら**」가 있으며, 지시사로는 한국어의 '어느'에 해당하는 「**どの**」가 있다. 이때 조사는 「**は**(=한국어의 조사 '은/는'」가 아닌 「**が**(=한국어의 조사 '이/가')」를 사용해야 한다.

7 그 외의 지시대명사 표현

일본어에는 한국어의 '이렇게, 그렇게, 저렇게, 어떻게'에 해당하는 「**こう、そう、ああ、どう**」가 있어 특히 정형화된 표현에서 사용하는 경향이 있다. 질문에 동의하는 경우, 한국어의 '그렇습니다'에 해당하는 표현으로 「**そうです**」를 사용하며, 상태를 묻는 경우에는 한국어의 '어떻습니까'에 해당하는 「**どうですか**」를 사용한다.

8 종조사 「よ」와 「ね」

일본어의 종조사는 문말에 위치하여 문장의 의미에 화자의 의견을 더하는 역할을 한다. 종조사 「**よ**」는 상대방이 모르는 정보를 제공할 때나 자신의 주장을 강조할 때 사용하며, 「**ね**」는 상대방과 공감할 수 있는 내용을 말할 때나 상대방의 의견에 동조할 때 사용한다.

예 **今日は いい 天気ですよ。** 오늘은 날씨가 좋아요.
今日は いい 天気ですね。 오늘은 날씨가 좋네요.

03 この 料理(りょうり)は おいしいです

① い형용사의 기본형과 정중형

い형용사는 어미가 「い」로 끝나며 정중형은 명사와 마찬가지로 뒤에 「です」를 붙여 만든다. 단, い형용사는 명사와 달리 「です」의 기본형인 「だ」를 붙일 수 없다는 점에 주의를 요한다.

예 (×) おいしいだ, (○) おいしい

② い형용사의 부정형

い형용사의 부정형은 마지막 어미인 「い」를 「く」로 바꾼 후 「ない」을 붙여 만든다. 예를 들어 「おいしい」의 경우, 「おいしい̸」 → 「おいしく」 → 「おいしく ない」가 되며, 정중형으로는 「おいしく ないです」와 「おいしく ありません」이라는 두 가지 형태가 있다. 단, 「おいしく ないです」에 비해 「おいしく ありません」이 보다 정중한 느낌을 준다.

③ な형용사의 기본형과 정중형

な형용사의 기본형은 어미가 「だ」로 끝나며, 정중형은 명사, い형용사와 마찬가지로 「です」를 사용한다. 단, 기본형에 바로 「です」를 붙이는 い형용사와는 달리 な형용사의 경우 어미인 「だ」를 「です」로 바꿔 정중형을 만든다. 단, きれいだ、有名(ゆうめい)だ의 경우, 「だ」 앞이 「い」로 끝나 얼핏 い형용사인 것처럼 보일 수도 있으나 な형용사인 점에 주의를 요한다.

④ な형용사의 부정형

な형용사의 부정형은 어미인 「だ」를 「では」로 바꾼 후 「ない」를 붙여 만든다. 예를 들어 「きれいだ」의 경우, 「きれいだ̸」 → 「きれいでは」 → 「きれいでは ない」가 되며, 정중형으로는 「きれいでは ないです」와 「きれいでは ありません」이라는 두 가지 형태가 있다. 단, い형용사의 경우와 마찬가지로 「～では ないです」에 비해 「～では ありません」이 보다 정중한 느낌을 준다.

⑤ い형용사와 な형용사의 명사수식

「おいしい」와 같은 い형용사는 「おいしい パン」과 같이 명사를 수식할 때 기본형이 사용되나, 「きれいだ」와 같은 な형용사의 경우는 「きれいな 人(ひと)」와 같이 명사를 수식할 때 「だ」가 생략되고 대신에 「な」를 삽입하여 수식표현을 만든다.

⑥ 접속조사「が」

두 개의 문장이 서로 반대되는 상황을 나타내는 경우, 이들 문장을 연결하는 접속사로 일본어에서는 「が」를 사용한다. 이때 회화체에서는 「けど」「けれど」「けれども」라는 여러 형태를 사용할 수 있다.

Lesson 04

昨日(きのう)は とても 暑(あつ)かったです

① い형용사의 과거형

い형용사의 과거형은 기본형의 어미인 「い」를 「かった」로 바꿔 만들며 뒤에 「です」를 붙여 정중형을 만들 수 있다. 「です」의 과거형은 「でした」이나 い형용사의 경우, 어미에 직접 「でした」를 붙여 과거형을 만들 수는 없으며(예 (×) おいしいでした), 반드시 먼저 어미를 과거형으로 만든 후 「です」를 붙여야 한다.(예 (○) おいしかったです).

② い형용사의 과거부정형

い형용사의 과거부정형은 순서상으로 먼저 부정형을 만든 후 과거형을 만든다. 예를 들어 「おいしい」의 경우, 「おいしく ない」라는 부정형을 만든 후, 마지막 어미 「い」를 「かった」로 바꿔 「おいしく なかった」라는 과거부정형을 만든다. 또한 정중형은 「おいしく なかったです」가 되는데, 이때 い형용사의 과거형과 마찬가지로 「でした」형을 사용하지 않는 점(예 (×) おいしく ないでした)에 주의한다.

③ な형용사의 과거형

な형용사의 과거형은 기본형의 어미인 「だ」를 「だった」로 바꿔 만들 수 있다. 예를 들어 「きれいだ」의 경우, 과거형은 「きれいだった」이며, 정중형은 「だった」를 「でした」로 바꾼 「きれいでした」이다. 이처럼 な형용사는, い형용사와는 달리 「でした」 형태를 사용할 수 있다는 점에 주의를 요한다.

④ な형용사의 과거부정형

な형용사의 과거부정형은 순서상으로 먼저 부정형을 만든 후 과거형을 만든다. 예를 들어 「きれいだ」의 경우, 「きれいでは ない」라는 부정형을 만든 후 마지막 어미인 「い」를 「かった」로 바꿔 「きれいでは なかった」라는 과거부정형을 만든다. 이때 정중형으로는 두 가지 형태가 있어 ①「なかった」 뒤에 「です」를 붙이는 경우(きれいでは なかったです)와 ②「では ない」의 정중형인 「では ありません」 뒤에 「でした」를 붙이는 경우(きれいでは ありませんでした)로 나뉜다는 점에 주의한다.

⑤ 명사문의 과거형

명사문의 과거형은 기본형인 「だ」를 「だった」로 바꿔 만들 수 있다. 예를 들어 「**彼は 学生だ**」의 경우, 「**彼は 学生だった**」가 되며, 정중형은 「**です**」의 과거형인 「**でした**」를 사용한 「**彼は 学生でした**」가 된다.

⑥ 명사문의 과거부정형

명사문의 과거부정형은 순서상으로 먼저 부정형을 만든 후 과거형을 만든다. 예를 들어 「**彼は 学生だ**」의 경우, 「**学生では ない**」라는 부정형을 만든 후, 마지막 어미 「**い**」를 「**かった**」로 바꿔 「**学生では なかった**」라는 과거부정형을 만든다. 또한 명사문의 과거부정형의 정중형으로는 ①「**～です**」를 활용한 「**～では なかったです**」와, ②「**～では ない**」의 정중형인 「**～では ありません**」을 활용한 「**～では ありませんでした**」가 있다.

▶ 품사별 정리

품사		기본형	부정형	과거형	과거부정형
い 형용사	보통형	おいしい	おいしく ない	おいしかった	おいしく なかった
	정중형	おいしいです	おいしく ないです おいしく ありません	おいしかったです	おいしく なかったです おいしく ありませんでした
な 형용사	보통형	きれいだ	きれいでは ない	きれいだった	きれいでは なかった
	정중형	きれいです	きれいでは ないです きれいでは ありません	きれいでした	きれいでは なかったです きれいでは ありませんでした
명사문	보통형	学生だ	学生では ない	学生だった	学生では なかった
	정중형	学生です	学生では ないです 学生では ありません	学生でした	学生では ありませんでした

Lesson 05

これは いくらですか

① 일본어의 숫자

한국어와 마찬가지로 일본어에서도 '하나, 둘, 셋…'과 같은 서수와 '일, 이, 삼…'과 같은 기수의 구별이 있다. 예를 들어, 구체적인 수량을 지칭하는 경우에는 주로 서수가, 가격을 가리키는 경우에는 기수가, 날짜의 경우에는 서수와 기수가 같이 쓰이는 경향이 있다.

예 「これを 3(みっ)つ ください。」〈서수〉, 「20円(にじゅうえん)」〈기수〉, 「24日(にじゅうよっか)」〈서수+기수〉

② 가격, 수량을 묻는 의문사「いくら」「いくつ」

일본어에서 가격을 묻는 의문사로는 「**いくら**」가 있고 수량을 묻는 의문사에는 「**いくつ**」가 있다.

③ 날짜, 시간을 묻는 의문사「いつ」

일본어에서 날짜 및 시간을 묻는 의문사로는 「**いつ**」가 있다.

④ ～から～まで ~부터(에서) ~까지

출발점으로부터 도착점까지를 나타내는 표현으로는 「**～から～まで**」가 사용된다.

⑤ 조사「は」와「が」

일본어의 주격조사에는 「**は**」 이외에도 한국어의 '이/가'에 대응하는 「**が**」가 있다. 단, 이들 조사는 반드시 주격조사로만 사용되는 것은 아니며, 특히 **な**형용사 앞에 위치하는 경우 대상을 나타내기도 한다.

예 **彼(かれ)は リンゴが 好(す)きです。** → 그는 사과를 좋아합니다.

⑥ 대비를 나타내는 조사「は」

일본어 조사 「**は**」는 「**が**」에 비해 대비의 의미가 강해 '그 외 다른 것보다도……'라는 뉘앙스를 부여할 때 주로 사용된다.

예 **リンゴは 好(す)きです。** → (그 외 다른 과일보다도) 사과는 좋아합니다.

Lesson 06

魚(さかな)の ほうが 好(す)きです

1 명사문의 연결「～で」 ~이고

명사문과 다른 문장(형용사문, 명사문)을 병렬로 연결할 때는 접속표현으로 한국어의 '~이고'에 해당하는「で」를 사용한다. 즉「で」는「だ」의 접속형태라고 할 수 있다.

예 学生(がくせい)だ → 学生(がくせい)で 학생이고

2 い형용사의 연결「～(く)て」 ~하고

い형용사를 다른 품사 및 문장과 연결할 때는「て」가 사용되며 이때 い형용사의 어미「い」는「く」로 바뀐다.

예 大(おお)きい → 大(おお)きく → 大(おお)きくて 크고

3 な형용사의 연결「～で」 ~하고

な형용사를 다른 품사 및 문장과 연결할 때는 명사와 마찬가지로「で」가 사용되며, 이때「で」는「だ」의 접속형태이므로「で」 앞에는 な형용사의 어근(「だ」를 제외한 부분)만이 존재한다.

예 きれいだ → きれいで 깨끗하고

4 AとBと どちらが～ですか A와 B 중 어느 쪽이 ~입니까?

비교대상이 두 개(A, B)로 한정된 경우의 비교의문문이며, 한국어와는 달리 두 번째 비교대상에도「と」가 다시 사용된다는 점에 주의를 요한다. 단, 회화체에서는 두 번째 비교 대상에 붙는「と」는 생략이 가능하다.

5 Aより Bの ほうが～です A보다 B가 더 ~입니다

비교 대상이 두 개인 비교의문문에 대한 대답으로 주로 사용하며, 이때「ほう(方)」는 한국어의 '~편, 쪽'의 의미이지만, '~이(가) 더'로 해석하는 것이 자연스럽다.

6 ～の中で{どれ／どこ／何(なに)／誰(だれ)}が 一番(いちばん)～ですか

(~중에서 {어느 것/ 어디 / 무엇 /누구} 이(가) 가장 ~입니까?)

비교대상이 세 개 이상인 경우의 비교의문문이며, 상황에 맞추어 다양한 의문사(「どれ」「どこ」「何(なに)」「誰(だれ)」)를 사용할 수 있다. 또한 이에 대한 대답으로는「～が 一番(いちばん)～です」(~이(가) 가장 ~입니다)를 주로 사용한다.

Lesson 07

毎日 学校に 行きます

① 1류 동사의 정중형

일본어의 동사는 가장 마지막 문자인 어미 부분이 「く」「る」「う」「む」 등 발음이 [-u]로 끝나게 되는 형태를 취하며(예 「行く(가다)」「帰る(돌아오다, 돌아가다)」「歌う(노래 부르다)」「飲む(마시다)」 등), 이와 같은 동사의 형태를 일반적으로 동사의 기본형이라고 부른다. 일반적으로 일본어 동사는 「1류 동사」「2류 동사」「3류 동사」 등의 세 종류로 나눈다. 그 중에서도 상기의 「行く」「帰る」「歌う」「飲む」 등의 동사를 '1류 동사'라고 부르며, 정중형은 어미 부분을 [-i] 발음의 형태로 바꾸고 「ます(~습니다)」를 조합한 형태를 사용한다.

예 **行く → 行き → 行きます** 갑니다

② 2류 동사의 정중형

1류 동사와 마찬가지로 기본형의 마지막 어미 부분의 발음이 [-u]로 끝나지만 어미가 항상 「る」로 한정되고 「る」 앞의 어근이 [-i]나 [-e]로 끝나는 동사류를 '2류 동사'로 부른다(예 「見る(보다)」「食べる(먹다)」 등). 이들 동사의 정중형은 「る」가 탈락되고 어근(예 「見」「食べ」)과 「ます」를 결합한 형태를 사용한다.

예 **見る → 見 → 見ます** 봅니다

단, 「走る」「帰る」「切る」 (예외 1류 동사) 등과 같이 어근이 [-i]나 [-e]로 끝나지만 2류 동사가 아닌 경우가 있으므로 주의를 요한다.

③ 3류 동사의 정중형

1, 2류 동사와 마찬가지로 기본형의 마지막 어미 부분의 발음이 [-u]로 끝나는 것은 동일하나, 「する(하다)」와 「くる(오다)」만은 다른 동사류와는 달리 「ます」와 결합할 때 어근의 형태가 바뀌게 된다. (예 「す→し→します」「く→き→きます」). 따라서 이 두 동사는 '3류 동사'로 분류된다.

④ 일본어 동사의 시제적 의미(미래)와 시간부사

일본어는 다른 언어와 달리 미래형이 따로 존재하지 않는 관계로 동사의 경우 기본형과 정중형(~ます)이 미래형의 역할을 한다.

예 **明日 学校に 来ます。** 내일 학교에 오겠습니다.

그러나 이들이 사람·동물이나 사물의 성격, 성질, 습관 등을 지칭하여 미래의 의미가 아닌 '현재의 속성'의 의미를 갖는 경우도 있다.

예 **中村さんは 小説を 書きます。** 나카무라 씨는 소설을 씁니다. → 나카무라 씨는 소설가입니다.

(나카무라 씨의 직업 = 나카무라 씨의 속성)

⑤ 동사 정중형의 부정형

동사의 정중형은 동사의 종류(제 1류, 제 2류, 제 3류)를 불문하고 「**〜ます**」라는 형태를 취하게 되므로 그 부정형 역시 모두 「**〜ません**」이 된다(예 「**行きません**」 「**見ません**」 「**しません**」). 앞의 명사문의 부정에서 살펴보았던 「**〜では ありません**」이라는 문형은 「**あります**」의 부정형인 「**ありません**」을 활용하고 있다.

⑥ 장소와 도구를 나타내는 조사 「で」

일본어에서는 동사가 의미하는 동작에 의해 직접적인 영향을 받는 대상을 나타낼 때 한국어의 '〜을(를)'에 해당하는 조사 「**を**」를 쓰며 (예 **ご飯を 食べる**, **本を 読む**), 이러한 동작이 이루어지는 장소를 나타낼 때에는 한국어의 '〜에서'에 해당하는 조사 「**で**」를 쓴다. 단, 조사 「**で**」에는 ①장소를 나타내는 용법(예 **公園で 遊ぶ** 공원에서 놀다) 외에도 ②도구를 나타내는 용법(예 **手で 切る** 손으로 자르다)이 있어 이 두 용법을 구별하기 위해서는, 「**で**」 앞에 위치한 명사의 의미와 더불어 문장에 등장하는 동사의 의미까지도 잘 고려해야 한다.

Lesson 08

映画(えいが)を 見(み)に 行(い)きませんか

① 권유·청유를 나타내는 정중표현 I ～ませんか ~않겠습니까?

일본어에서 권유·청유를 나타내는 정중표현으로는 「～ます」의 부정형인 「～ません」에 의문종조사인 「か」를 붙인 「～ませんか(~하지 않겠습니까?)」라는 형태가 사용된다.

② 권유·청유를 나타내는 정중표현 II ～ましょう ~합시다

일본어에서 권유·청유를 나타내는 정중표현으로는 「～ませんか」 외에도 「～ます」에 권유·청유의 의미를 지닌 조동사 「う」가 결합된 「～ましょう(~합시다)」라는 형태가 있다.

③ 권유·청유를 나타내는 정중표현 III ～ましょうか ~할까요?

「～ましょう(~합시다)」라는 권유·청유 형태에 의문종조사 「か」를 덧붙인 「～ましょうか(~할까요?)」도 역시 권유·청유의 의미로 사용할 수 있다.

④ 동사의 ます형+に+行(い)く／来(く)る ~하러 가다/오다

일본어의 「동사의 ます형+に行(い)く」는 한국어의 '~하러(하기 위해서) 가다'에 해당하는 표현으로, 「동사의 ます형+に」는 뒤에 이동을 나타내는 동사와 결합하여 목적의 의미를 갖는다.

예 食(た)べに 来(く)る 먹으러 오다, 泳(およ)ぎに 行(い)く 수영하러 가다

또한 조사 「に」 앞에는 「동사의 ます형」 뿐만 아니라 명사가 오는 경우도 있다.

예 散歩(さんぽ)に 行(い)く 산책하러 나가다, ショッピングに 行(い)く 쇼핑하러 가다

⑤ 이유를 나타내는 표현 I 접속조사 「～から(~이니까, ~이므로)」

일본어의 조사 「から」는 원래 명사 뒤에 위치하여 출발점(~에서(~로부터))의 의미를 갖지만 (예 「学校(がっこう)から 会社(かいしゃ)まで(학교에서 회사까지)」), 동사(기본형, 정중형, 단 「て」형 제외), 형용사 뒤에 위치할 경우, 「から」는 '이유·원인(~이니까, ~이므로)'을 나타내는 접속조사로써 기능하며, 이와 유사한 의미를 갖는 접속조사로는 「ので」가 있다.

⑥ 이유를 나타내는 표현 II 「～て(で) (~해서)」

일본어의 이유를 나타내는 표현으로는 「から」 등의 접속조사를 사용하는 방법 이외에도 「て」형을 활용하는 방법이 있다. 일본어의 「て」형은 형용사, 동사의 활용형의 하나로서 앞서 살펴본 바와 같은 ①병렬접속(예 広(ひろ)くて 便利(べんり)だ 넓고 편리하다, きれいで 静(しず)かだ 깨끗하고 조용하다)의 기능 외에도 ②이유를 나타내는 기능(예 難(むずか)しくて 嫌(いや)だ 어려워서 싫다, 静(しず)かで 好(す)きだ 조용해서 좋아한다)이 있다.

Lesson 09

韓国料理(かんこくりょうり)を 作(つく)りました

1 동사 정중형의 과거형

일본어 동사의 정중형인 「～ます」의 과거형은 「～ました」의 형태가 된다.

2 동사 정중형의 과거부정형

일본어 동사의 정중형의 과거부정형을 만들 때에 주의할 점은 시제를 변화시키기 전에 먼저 부정형을 만들어야 한다는 것이다. 즉 「～ます」를 부정표현 「～ません」으로 변경한 후, 그 뒤에 「～です」의 과거형인 「～でした」를 붙여야 한다는 것이다.

～ます → ～ません → ～ませんでした

3 동사의 ます형+ながら ~하면서

일본어의 「ながら」는 한국어의 '～하면서'와 같이 두 가지 동작이 동시에 진행되는 부대상황을 나타내며, 그 앞에는 동사의 **ます**형이 온다.

예 帰(かえ)りながら、食(た)べながら、しながら

4 ～が できる ~을/를 할 수 있다, ~이/가 가능하다, ~을/를 잘한다

일본어에서 가능 및 능력을 나타내는 대표적인 표현으로는 한국어의 '～을/를 할 수 있다. ～이/가 가능하다, ～을/를 잘한다'라는 의미를 지닌 「～が できる」가 있다. 「できる」는 원래 「する」의 가능형으로 조사는 「が」를 취하지만 회화에서는 주로 생략하여 사용하는 경향이 있다.

5 의문사 「何」 무엇

일본어의 「何」는 한국어의 '무엇'에 해당하는 의문사로 단독으로 쓰일 경우와 조사를 동반하여 사용하는 경우가 있는데, 조사를 동반할 경우 조사의 종류 및 용법에 따라 읽는 법이 달라진다는 점에 주의해야 한다. 특히 그 중에서도 「で」를 동반할 경우, 「何」가 이유를 나타낼 때에는 「なん」으로 읽히는데 반해(**예** なんで 来(き)ませんでしたか 왜 오지 않았습니까?), 「何」가 수단·방법을 나타낼 때에는 「なに」로 읽히게 된다(**예** なにで 来(き)ましたか 무엇을 타고 왔습니까?).

Lesson 10

教室に 机が あります

❶ 존재동사「ある／いる」 있다

한국어의 '(~이/가) 있다'에 해당하는 일본어의 존재동사에는 「**ある**」와 「**いる**」가 있는데, 주어가 사물·식물인가, 사람·동물인가에 따라 각각의 쓰임이 다르다. (주어가 사물·식물인 경우 「**ある**」, 사람·동물인 경우 「**いる**」). 또한 존재동사 「**ある**」와 「**いる**」는 반드시 장소를 나타내는 조사 「**に**」와 함께 사용되며, 이 점에서 조사 「**で**」를 동반하는 동작을 나타내는 동사(예 「**学校で 勉強を します**」)와는 차이를 보인다.

❷ 위치표현

존재표현인 「**~にある／いる**」에서 장소를 더욱 구체적으로 기술하기 위해서 사용하는 표현으로는 「**~の 上に**(~위에)」, 「**~の 下に**(~아래에)」, 「**~の 中に**(~안에)」, 「**~の 外に**(~밖에)」, 「**~の 横に**(~옆에)」, 「**~の そばに**(~근처에)」 등이 있다.

❸ 존재 유무를 묻는 의문표현

어떤 사물의 존재 유무를 묻는 일본어 표현으로는 「**何か**(뭔가)」라는 부정칭 의문사를 사용한 「**何か ありますか**(뭔가 있습니까?)」가 있으며, 이에 대해 긍정으로 대답할 경우는 「**はい、何か あります**(예, 뭔가 있습니다)」, 부정으로 대답할 경우는 「**いいえ、何も ありません**(아니요, 아무것도 없습니다)」이 된다.

❹ 동사의 ます형+たいです ~하고 싶습니다

동사의 「**ます**」형에 「**たい**(하고 싶다)」라는 조동사를 붙여 희망의 의미를 나타낼 수 있으며, 정중형은 「**~たいです**」이다.